A MON PÈRE, A MA MÈRE

DE L'ÉTABLISSEMENT
DES SERVITUDES PRÉDIALES

EN DROIT ROMAIN.

DE L'ÉTABLISSEMENT
DES SERVITUDES

PAR LE FAIT DE L'HOMME

EN DROIT FRANÇAIS

THÈSE POUR LE DOCTORAT

PAR

Léon TRILLARD,

AVOCAT A LA COUR D'APPEL DE PARIS

~~~~~~

PARIS

IMPRIMERIE MOQUET

11, RUE DES FOSSÉS-SAINT-JACQUES, 11.

1875
~~~~~~

DE L'ÉTABLISSEMENT
DES SERVITUDES PRÉDIALES

EN DROIT ROMAIN.

DE L'ÉTABLISSEMENT
DES SERVITUDES

PAR LE FAIT DE L'HOMME

EN DROIT FRANÇAIS

THÈSE POUR LE DOCTORAT

PAR

Léon TRILLARD,

AVOCAT A LA COUR D'APPEL DE PARIS

Soutenue le Mercredi 22 Décembre 1875, à midi.

Président M. DEMANTE, Professeur.

	MM. BONNIER	
SUFFRAGANTS	RATAUD	PROFESSEURS
	LABBÉ	
	RENAULT	AGRÉGÉ

PARIS

IMPRIMERIE MOQUET

11, RUE DES FOSSES-SAINT-JACQUES, 11.

1875

DROIT ROMAIN

DE L'ÉTABLISSEMENT

DES

SERVITUDES PRÉDIALES

NOTIONS GÉNÉRALES.

La servitude est un droit réel, en vertu duquel une chose est astreinte à des services déterminés, soit envers une personne, soit envers un fonds. D'où deux classes de servitudes, les servitudes personnelles et les servitudes réelles ou prédiales.

La servitude prédiale dont nous nous occupons et que les textes désignent généralement par le mot de servitude employé seul, suppose nécessairement deux fonds qui n'appartiennent pas au même propriétaire. Un de ces fonds a subi une restriction, une portion des avantages com-

pris dans sa propriété a été attribuée à l'autre.
De cette idée, découle un des caractères essentiels de la servitude prédiale. Ainsi, d'une part,
l'avantage qui en résulte, doit profiter directement au fonds dominant, s'y incorporer comme
une véritable qualité : « Quid aliud sunt jura prædiorum, quam prædia qualiter se habentia ? Ut bonitas, salubritas, amplitudo. »(Loi 86. Dig. *De verb. signif.*); et de l'autre, la restriction doit porter sur le droit même de propriété, grever le fonds servant, abstraction faite de son propriétaire. Toute charge, d'une autre nature, n'est pas une servitude, mais une pure obligation personnelle. D'où la formule : une servitude prédiale ne peut être établie, ni à la charge, ni au profit d'une personne.

Toute servitude prédiale doit avoir une *causa perpetua*. On entend par *causa perpetua*, un état des lieux tel que l'exercice actuel de la servitude ne porte point obstacle à son exercice futur, et ne dépende pas d'un fait du propriétaire du fonds servant. C'est une conséquence de cette idée, que la servitude doit procurer au fonds dominant un avantage perpétuel. On en trouve la notion exacte dans la loi 28. D. (*De servit. præd. urb.*). A l'origine, la nécessité de cette *causa perpetua* était absolue. Elle s'appliquait à toutes les servitudes prédiales, mais son importance se manifestait particulièrement à l'occasion des servitudes de prises d'eau, qui ne pouvaient être cons-

tituées que sur une eau vive et non sur un lac,
ou sur un étang, susceptibles de s'épuiser par
l'usage. (L. 28, D., *De servit. præd. urb.*, *in fine*).
Il est probable que les jurisconsultes, tout en
maintenant le principe, finirent par lui donner
un sens plus raisonnable et plus pratique, et se
contentèrent d'exiger que l'usage de la servitude
n'en fit prévoir l'extinction, qu'au bout d'un
temps indéterminé. Allèrent-ils jusqu'à n'en
plus tenir compte dans les servitudes de prises
d'eau ? On a essayé de l'établir, en se fondant
sur la loi 9, D. *De servit. præd. rustic.*, ainsi
conçue : « Servitus aquæ ducendæ vel haurien-
dæ, nisi ex capite vel ex fonte, constitui non po-
terat ; hodie tamen ex quocumque loco constitui
solet. » Mais ce texte veut dire seulement, qu'autrefois de telles servitudes ne pouvaient être
constituées qu'à la source d'un cours d'eau ;
c'était une conséquence exagérée de notre principe, fondée sans doute sur cette considération,
que la source est inépuisable, tandis que le cours
d'eau peut disparaître ou se déplacer. Le jurisconsulte nous apprend qu'elle n'était plus admise. Cependant, d'autres passages montrent
clairement, que l'idée de *causa perpetua* avait,
comme nous l'avons dit, perdu de sa rigueur
primitive, ainsi la loi 2. D. *Communia præd.* De
plus, les textes de l'époque classique nous par-
lent de servitudes « arenæ fodiendæ, lapidis eximendi, cretæ eximendæ, » dont l'exercice doit

amener à la longue l'épuisement du fonds servant.

Les servitudes prédiales sont indivisibles, c'est-à-dire qu'elles ne peuvent être établies, ni à la charge, ni au profit d'une portion indivise. On ne conçoit pas, en effet, qu'un droit de passage, par exemple, puisse grever la part indivise d'un des propriétaires d'un héritage commun, sans grever en même temps les parts de ses co-propriétaires. Ou la servitude portera sur le fonds tout entier, ou la portion, sur laquelle elle devra s'exercer, sera déterminée ; l'imagination ne peut s'arrêter à une autre hypothèse. Et ce qui est vrai, au point de vue passif, l'est également au point de vue actif. Comment concevoir l'exercice d'un droit de passage, au profit d'une part indivise ? Les jurisconsultes romains, en établissant le principe de l'indivisibilité des servitudes, se sont donc purement conformés à la réalité des faits. Ils en ont tiré un grand nombre de conséquences, relatives à l'établissement de ces droits réels, à leur mode d'exercice, à leur extinction. Bornons-nous à en citer quelques-unes, qui achèveront de mettre le principe en lumière. Ainsi, étant donné un héritage indivis entre plusieurs propriétaires, le consentement de tous sera nécessaire, pour qu'une servitude puisse naître au profit ou à la charge de cet héritage. (L. 2. D. *De Servitut.* L. 19. *De Servit. præd. rust*). Un propriétaire, en aliénant une quote-part de son fonds, ne peut établir une servitude entre la part qu'il retient et celle qu'il aliène (L. 6, § 1. *Communia præd.*); toute autre serait la décision, si l'aliénation portait sur une part divise. Lorsqu'un fonds est légué à deux personnes, et que le testateur lègue, à l'une d'elles seulement, une servitude au profit de ce fonds, la seconde disposition n'aura d'effet que si le légataire de la servitude se présente seul pour recueillir le legs du fonds. (Loi 3. D. *De Servit. leg.*) L'obligation de constituer la servitude étant indivisible, s'il y a plusieurs promettants, ou plusieurs stipulants, toute demande devra être intentée pour le tout. (L. 17. D. *De Servit.*). Enfin la servitude ne s'éteindra, ni par une remise partielle consentie par un des copropriétaires du fonds dominant, ou accordée à l'un des copropriétaires du fonds servant, ni par confusion partielle, lorsque l'un des copropriétaires des fonds dominant ou servant devient maître d'une portion indivise de l'autre immeuble. (L. 8, § 1. D. *De Servit.*)

Considérée au point de vue des avantages qu'elle procure, une servitude peut consister *in faciendo, in habendo* ou *in prohibendo. In faciendo,* lorsqu'elle donne à son titulaire le droit d'accomplir certains actes sur le fonds servant, d'y passer, d'y puiser de l'eau; *in habendo,* lorsqu'elle lui permet d'établir ou de conserver certains ouvrages, qui empiètent sur la propriété voisine, tels qu'un balcon, un toit; *in prohibendo*, lorsqu'elle se résume en une défense pour le propriétaire du fonds servant, d'accomplir des actes autorisés par le droit commun de la propriété, comme de bâtir, de planter sur son terrain. Dans les deux premiers cas, la servitude est dite positive, et imposant au propriétaire de l'héritage grevé l'obligation de supporter son exercice, elle consiste pour lui *in patiendo*. Dans le dernier cas elle est dite négative, et aboutissant à une obligation de ne pas faire pour le maître du fonds assujetti, elle consiste pour lui, *in non faciendo*. Ainsi donc les servitudes, considérées au point de vue passif, consistent tantôt *in patiendo*, tantôt *in non faciendo*, mais jamais *in faciendo*. On ne peut imposer à un propriétaire une obligation de faire, à titre de servitude. Cela, parce que le droit de servitude, démembrement de la propriété, ne peut contenir plus que la propriété elle-même. Or, le droit de propriété, de sa nature, n'impose aux tiers aucune obligation active.

Les servitudes prédiales se divisent en deux grandes classes : les servitudes rustiques et les servitudes urbaines, *jura prædiorum rusticorum, jura prædiorum urbanorum*.

Un double motif peut en effet justifier les modifications au droit de propriété, qui résultent de l'établissement des servitudes : les besoins de l'agriculture et la commodité des édifices. Telle

fut donc l'origine de la distinction que nous venons d'énoncer. Les droits réels, qu'il s'agissait
de créer, avaient-ils trait aux besoins de l'agriculture, on les qualifiait de *jura prædiorum rusticorum*; se rapportaient-ils à la commodité des
édifices, on leur donnait le nom de *jura prædiorum urbanorum*. Les expressions, *prædium rusticum, prædium urbanum*, signifiaient ainsi, l'une
la propriété non bâtie, l'autre les maisons et autres constructions, qu'elles fussent d'ailleurs si-
tuées à la ville, ou à la campagne : *ædificia omnia
urbana prædia appellamus, etsi in villa ædificata
sunt*. (Inst. l. 2, t. 3, 8, 1.). *Urbana prædia non
locus facit, sed materia*. A (l. 198. D. *De verb.
sign*).

Maintenant des deux fonds, sujets actif et
passif de la servitude, auquel faut-il s'attacher,
pour en déterminer le caractère? Il nous semble
évident que c'est d'après la nature du fonds dominant, qu'on doit décider si le droit réel rentre
dans la classe des *jura prædiorum rusticorum* ou
des *jura prædiorum urbanorum*. Cette manière de
voir est commandée par la terminologie Romaine. Les Romains en effet, pour qualifier une
servitude, se préoccupent uniquement du sujet
actif, du sujet au profit duquel elle existe. S'agit-
il d'une servitude personnelle, ils la qualifient
servitude des personnes, *servitutes personnarum*,
s'agit-il d'une servitude prédiale, ils la qualifient
servitutes prædiorum ou *rerum*. Aussi, en thèse

générale, ne disent-ils pas *servitutes rusticæ, ser-vitutes urbanæ*, mais *servitutes prædiorum rustico-rum, servitutes prædiorum urbanorum*, servitudes qui appartiennent à des fonds rustiques, servitu-des qui appartiennent à des fonds urbains ; con-séquence d'ailleurs de cette idée, que ces droits réels sont des qualités pour les fonds.

Il faut bien reconnaître que cette division est peu rationnelle, en raison du fait même sur le-quel elle repose. Elle aboutit en effet à ce résul-tat, que la même servitude sera tantôt rustique, tantôt urbaine, suivant la nature du fonds auquel elle appartiendra. Or, si avec la nature du fonds dominant, peut varier l'étendue d'une servitude, la quantité de services qu'on en retire ; si par exemple la servitude de passage servant à l'ex-ploitation d'un champ est moins onéreuse que la servitude qui donne accès dans une habitation ; il est évident que cette idée d'étendue, de quan-tité, ne peut avoir aucune influence sur l'essence même du droit réel. Dès lors, pourquoi faire dé-pendre du fonds dominant la dénomination de la servitude ?

Ce vice de la classification romaine est consi-dérable. Aussi des auteurs modernes en ont-ils été tellement frappés, qu'ils ont voulu disculper les jurisconsultes Romains du reproche, qui leur était adressé, et, tout en reconnaissant que no-tre division reposait à l'origine sur le fait que nous avons indiqué, ils ont soutenu, qu'à l'époque classique, elle avait reçu des bases nouvelles, plus en rapport avec les caractères essentiels des servitudes. Mais les explications, qui ont été imaginées, s'accommodent mal avec les expressions *jura prædiorum rusticorum*, *jura prædiorum urbanorum*, dont nous avons fait ressortir la portée. Elles se heurtent surtout contre ce fait, établi par les textes d'une façon péremptoire, que dans le droit Romain un même assujettissement pouvait être tantôt rustique, tantôt urbain.

D'après le système le plus accrédité, la servitude est rustique lorsqu'on peut la concevoir sans que l'idée de construction se présente à l'esprit; elle est urbaine, au contraire, lorsque sa conception appelle nécessairement dans l'esprit l'idée de construction, de propriété bâtie. Cette opinion, à laquelle M. Demangeat a prêté l'appui de son autorité, se base uniquement sur une phrase obscure du jurisconsulte Paul: « Servitutes prædiorum aliæ in solo, aliæ in superficie consistunt, » dont elle n'est, dit-on, que la traduction. Sans nous arrêter à ce que l'explication peut avoir de trop abstrait, nous ferons seulement remarquer qu'elle torture le texte dont l'idée nous paraît beaucoup plus simple. Le jurisconsulte veut dire que « certaines servitudes s'exercent à l'aide de travaux faits sur le fonds dominant ou servant (superficies), tandis que d'autres n'impliquent rien de pareil. »

D'après d'autres auteurs, les servitudes rus-

tiques ne seraient autres que les servitudes discontinues qui, consistant *in faciendo*, exigent
pour leur exercice le fait de l'homme ; les servitudes urbaines se caractériseraient par la continuité et comprendraient celles qui, reposant
sur un état des lieux permanent, ne mettent pas
en jeu l'activité humaine. Cette explication a
cela de vrai, que les servitudes rustiques sont
presque toutes discontinues et les servitudes
urbaines continues ; mais ses auteurs n'établissent nullement que cette continuité et cette discontinuité soient précisément la base de notre
division. Comment admettre, d'ailleurs, que les
Romains, pour désigner les servitudes continues
et discontinues, aient employé les expressions
de « servitutes prædiorum urbanorum, servitutes
prædiorum rusticorum. » Ce système, comme le
précédent, a donc le tort grave d'être en désac-
cord évident avec le langage des jurisconsultes.

Nous allons maintenant établir, à l'aide des
textes, que le même assujettissement pouvait
jouer le rôle, tantôt d'une servitude rustique,
tantôt d'une servitude urbaine. Cette idée, inconciliable avec les deux théories que nous venons d'exposer, et d'après lesquelles le caractère de chaque servitude était invariablement
déterminé, se conçoit aisément, quand on considère les servitudes, comme rustiques ou urbaines, suivant la nature du fonds dominant.

La servitude de passage était protégée par un

interdit particulier, dont il est traité au Digeste
(l. 43, t. 19) sous la rubrique « *De itinere actu-*
que privato. » Nous empruntons à ce titre le
§ 1 de la loi 1, ainsi conçu : « Hoc interdictum
prohibitorium est, pertinens ad tuendas rusticas
tantummodo servitutes. » On le voit, l'auteur de
ce texte, Ulpien, nous apprend que cet interdit
ne protégeait que les servitudes de passage rustiques. N'est-ce pas faire entendre clairement
qu'il existait des servitudes de passage urbaines
auxquelles ne s'appliquait pas l'interdit? Si on
admet les explications d'après lesquelles la servitude de passage, donnant accès à un *prædium*,
soit *rusticum*, soit *urbanum*, est toujours rustique, comment expliquer que le jurisconsulte
nous dise, en parlant de l'interdit : « Pertinet ad
tuendas rusticas tantummodo servitutes. » Ou
bien Ulpien faisait allusion à des servitudes de
passage urbaines étrangères à l'interdit, ou
bien le mot *tantummodo* est purement un non-
sens.

On peut retrouver la notion de l'*iter urbanum*,
dans le § 1, de la loi 20, **D.** *de servit. præd.*
urb. « Si domus mea altior tua area esset, tuque
« mihi per aream tuam ire agere cessisti, nec ex
« plano aditus ad domum meam per aream tuam
« esset, vel gradus, vel clivos, propius januam
« meam jure facere possum, dum ne quid ultra
« quasi necesse est, itineris causa demoliar. »
Voici l'espèce prévue : le propriétaire d'une mai-

son, dont le rez-de-chaussée est plus élevé que
la cour de son voisin, a un droit de passage sur
cette cour. Le jurisconsulte décide que pour faciliter l'exercice de la servitude, le propriétaire
pourra établir soit une pente, soit des degrés,
qui donneront accès dans la maison. Ce qui
prouve que cette servitude de passage est urbaine, c'est qu'elle est insérée au titre « de
« servitutibus prædiorum urbanorum, » au
milieu de textes ayant tous trait à des servitudes urbaines. De plus, le jurisconsulte a bien
soin de marquer, qu'elle a été constituée par une
cessio in jure, la mancipation ne s'appliquant
pas aux servitudes urbaines, *res nec mancipi*.
D'ailleurs, comme le fait judicieusement observer M. Machelard (Revue critique, année 1866),
on peut y reconnaître les signes distinctifs qui,
dans chacune des doctrines que nous combattons, caractérisent les servitudes *prædiorum ur-*
banorum. « Veut-on que le propre de celles-ci,
« soit de consister *en superficie*, il est évident
« que dans notre cas la superficie de l'*area*, où
« s'exerce le passage est disposé de manière à
« rendre ce passage praticable. Doit-on considé-
« rer l'espèce de faculté que confère la servitude,
« nous dirons alors qu'il y a *servitus habendi* ou
« *in habendo*, puisque le propriétaire du fonds
« dominant est autorisé à établir des degrés, et à
« imposer de la sorte au fonds servant un ou-
« vrage permanent. S'arrêtera-t-on enfin, à ce

« signe distinctif que des constructions sont né-
« cessaires, il nous semble que cette condition
« est remplie, car il existe des degrés, pour la
« solidité desquels il faudra recourir à l'emploi
« de la pierre. » Quel que soit, par conséquent le
système que l'on adopte, on arrive toujours à
reconnaître dans notre espèce un *iter urbanum*.
Ainsi donc, si la servitude de passage est le plus
souvent qualifiée de rustique, parce qu'en fait,
on conçoit plus facilement l'enclavement d'un
fonds que d'une habitation, il peut cependant se
produire telle hypothèse, dans laquelle on devra la considérer comme urbaine.

De même, la servitude d'aqueduc, que l'on
trouve généralement rangée au nombre des servitudes rustiques, apparaît cependant comme
urbaine dans un texte d'Ulpien, et cela de la façon la plus nette. Le jurisconsulte, dans la loi
11, § 1, D. *De publ. act.*, exprime cette idée, que
l'action publicienne s'applique aux servitudes
urbaines, et il cite comme exemple, quoi? La
servitude d'aqueduc : « Itemque servitutibus urbanorum prædiorum... forte si per domum quis
suam passus est aquæductum transduci. » Aussi
les auteurs, dont les explications imposent invariablement à la servitude d'aqueduc le caractère
de rustique, ont-ils fait, mais inutilement, les
plus grands efforts pour expliquer ce texte.
M. Demangeat a dû se résigner à avouer que la
servitude d'aqueduc, rustique de sa nature,

pourrait être urbair e, si, par exemple, l'eau était destinée à l'usage des personnes qui habitent une maison (*Cours élémentaire*, t. II. p. 491). Cette concession ne renferme-t-elle pas la condamnation de son système, et si le caractère de la servitude *aquæductus* varie suivant le fonds à l'usage duquel elle est destinée, pourquoi n'en serait-il pas de même des autres servitudes?

Ce double caractère de la servitude d'aqueduc résulte d'un autre texte emprunté au même ouvrage, que la loi 1, § 1, *De itin.*, *act. priv.*, citée plus haut, au commentaire d'Ulpien, sur le livre 60 de l'Édit. Ce jurisconsulte, après avoir établi, comme nous l'avons vu, que l'interdit *De itinere actuque privato* ne s'applique qu'aux servitudes de passage rustiques, se demande si, par analogie, l'interdit *De aqua quotidiana et æstiva* ne se réfère qu'aux servitudes d'aqueduc rustiques : « Illud quæritur : utrum ea tantum aqua his interdictis contineatur, quæ ad agrum irrigandam pertinet, an vero omnis, etiam ea, quæ ad usum quoque et commodum nostrum? Et hoc jure utimur ut hæc quoque contineatur. Propter quod, etiam si in urbana prædia quis aquam ducere velit, hoc interdictum locum habere potest (L. 1, § 11, D. *De aqua quot et æst.*). » Cet interdit s'applique donc aux servitudes, soit rustiques, soit rurales. Ainsi le jurisconsulte distingue nettement les deux classes de servitudes d'aqueduc, et il les met en opposition, suivant que l'eau est destinée *ad agrum irrigandum*, ou bien *ad usum et commodum nostrum*. Quant à la raison de la différence entre la servitude de passage et la servitude d'aqueduc, en ce qui concerne l'application de l'interdit, elle git uniquement dans ce fait, que la nécessité d'une protection se manifestait moins énergiquement pour l'*iter urbanum*, à cause de son peu de fréquence ; tandis que l'*aquæductus*, servitude urbaine, paraît avoir été commun dans les usages romains (Machelard, loc. cit.).

Ajoutons enfin à cette trop longue discussion la loi « 2 prooemium : De serv. præd. rust. qui mentionne le *jus altius tollendi*, comme une servitude rustique.

La division romaine, reposant ainsi sur la nature du fonds dominant, c'est-à-dire sur un fait étranger aux caractères essentiels des servitudes, a été reproduite par les rédacteurs du Code, dans l'art. 642, où elle est heureusement dépourvue de toute utilité pratique. Mais en droit romain, elle avait une notable importance, et, à trois points de vue, il y avait un véritable intérêt à savoir si telle servitude rentrait dans la classe des JURA PRÆDIORUM RUSTICORUM ou des JURA PRÆDIORUM URBANORUM.

1° Au point de vue de son acquisition. Les servitudes rustiques étaient *res mancipi*, et les servitudes urbaines *res nec mancipi* ; il s'ensuivait que la mancipation ne s'appliquait qu'à la constitution des servitudes rustiques. Les *res mancipi*, nous dit Gaïus (C. 1, § 192), étaient regardées comme les plus précieuses. Or, les servitudes rustiques, destinées à augmenter la plus-value des fonds de terre, durent revêtir une plus haute importance aux yeux des premiers Romains, pasteurs et agriculteurs ; de là leur classement parmi les *res mancipi*. Les servitudes urbaines, au contraire, étaient moins fréquentes à l'origine, à cause de l'isolement presque général des maisons (*insulæ*).

2° Au point de vue de son extinction. Les servitudes rustiques s'éteignaient par non usage ; pour les servitudes urbaines, il fallait, de plus, une *usucapio libertatis*.

3° Enfin l'hypothèque pouvait porter sur une servitude rustique, non sur une servitude urbaine.

Comment s'établissent les servitudes prédiales.

La législation romaine, en ce qui concerne les modes d'établissement des servitudes prédiales, suivit une marche constamment progressive. Nous aurons donc à exposer successivement le système de l'ancien droit civil, les innovations du préteur et les réformes de Justinien. Mais avant d'entrer dans cette étude, il importe d'indiquer brièvement qui peut constituer ou acquérir une servitude.

Pour constituer ou acquérir une servitude, il faut être propriétaire du fonds, sujet actif ou passif du droit réel. Ne le peuvent donc ni l'usufruitier, ni les possesseurs ou détenteurs précaires. On reconnaît au nu-propriétaire le droit d'acquérir une servitude, puisqu'il ne fait en cela qu'améliorer la condition de l'usufruitier, mais il ne peut grever le fonds, même avec le consentement de cet usufruitier (l. 15, § 7, *De usuf.*). Il en est autrement dans le contrat d'emphythéose, bien que l'emphythéote ne soit point propriétaire du fonds qu'il exploite. En considération sans doute de la longueur du bail, et par suite de la faveur que les Romains attachaient à ce contrat, le préteur accordait une action et un interdit utiles à celui qui tenait une concession de servitude d'un emphythéote ou d'un superficiaire (l. 1, 55, 9, D. *De superficiebus*).

Nous savons que, du principe d'indivisibilité, les Romains avaient tiré cette conséquence, que le consentement de tous les copropriétaires d'un héritage indivis était nécessaire pour la constitution d'une servitude sur cet héritage. Le droit ne peut, en effet, porter sur une part indivise, et un des copropriétaires ne saurait grever la part des autres. Cependant il n'était pas nécessaire que la servitude fût concédée *uno actu* par tous les intéressés. Les cessions pouvaient être successives, et alors la dernière validait les précédentes, ou plutôt toutes les cessions étaient réputées faites en même temps que la dernière (l. 18 D. *Communia præd.*).

Ajoutons enfin que celui qui constituait ou acquérait une servitude, démembrement de la propriété, devait, suivant les règles du droit commun, avoir la capacité suffisante pour aliéner ou acquérir la propriété elle-même.

SECTION PREMIÈRE.

Modes d'établissement de l'ancien droit civil.

L'ancien droit civil reconnaissait quatre modes d'établissement des servitudes : la mancipation, l'*in jure cessio*, l'adjudication, le testament. La servitude étant un démembrement de la propriété, ne peut comporter que les modes d'acquisition de la propriété même. De ces modes d'acquisition, l'ancien droit rejetait trois : l'occupation, la tradition, l'usucapion. L'occupation et la tradition semblaient exclusivement propres aux choses corporelles. L'usucapion des servitudes, admise à l'origine, avait été supprimée par la loi Scribonia.

§ 1. *Mancipation.*

La mancipation est une vente fictive (*imagina-ria venditio*). Elle nécessite la présence des deux parties contractantes, d'un *libripens* et de cinq témoins représentant sans doute les cinq classes de Servius Tullius. L'acheteur, tenant la chose qui fait l'objet de la mancipation, prononce ces paroles : « Hunc ego hominem meum esse aio, isque mihi emptus est hoc ære æneaque libra ; » puis il frappe la balance avec une pièce de cuivre qu'il donne, *quasi pretii loco.* (Demangeat, *loc. cit.*, p. 433.) Quand on mancipait un meuble, il devait être présent ; la pratique ne put évidemment s'accommoder de la même exigence, en ce qui concerne les immeubles. On ne pouvait manciper que les *res mancipi;* appliquée aux *res nec mancipi*, la mancipation ne produisait aucun effet. Les servitudes rustiques étaient donc seules susceptibles d'être constituées par ce mode de translation de la propriété.

Une servitude s'établissait suivant deux procédés bien distincts : la *translatio* et la *deductio*. La *translatio* est le mode de constitution direct de la servitude : deux fonds sont voisins, et le propriétaire de l'un concède au propriétaire de l'autre un droit de passage. Au contraire, il y a *deductio* lorsque, propriétaire de deux héritages,

j'en aliène un, en réservant sur celui dont je me
défais un droit de servitude au profit de celui
que je garde. C'est ce que les textes appellent
deducere servitutem. Or, bien que la mancipation
ne s'appliquât qu'aux servitudes rustiques, on
pouvait, par *deductio*, réserver sur le fonds qu'on
mancipait une servitude urbaine. (*Comp. Gaius
com.*, 2, § 33. L. 3. D. *Commun. præd.*) On arrivait ainsi à constituer indirectement par mancipation une servitude urbaine, *res nec mancipi*.
La raison en est que celle-ci ne se trouve nullement l'objet de la mancipation; on ne fait en
réalité que retenir un des éléments du droit de
propriété, dont on dispose. La servitude ainsi
deducta devait être décrite avec soin, lors de la
translation de propriété : « Ne, si generaliter
servire dictum erit, aut nihil valeat, quia incer-
tum sit, quæ servitus excepta sit, aut omnis servitus imponi debeat. » (Loi 7. D. *Communia præd.* Comp. L. 35. D. *De Servit. præd.
urb.*)

Dans l'ancien droit, les fonds provinciaux n'é-
taient pas susceptibles de propriété quiritaire.
On ne pouvait donc constituer de servitude, soit
par mancipation, soit autrement, que sur le sol
italique. Il y avait là une énorme lacune qu'on
combla, en imaginant un expédient, qui donnait
sur ces fonds l'équivalent d'un droit de servitude.
La servitude, nous dit Gaius, s'établissait *pactis
et stipulationibus*. (Com., 2, § 31.) Nous exami-

nerons plus tard la question de savoir si, de ces
pactes et stipulations, résultait, soit à l'époque
classique, soit postérieurement, un véritable
droit réel. Quoi qu'il en soit, il est probable que
les servitudes ainsi constituées étaient sauvegar-
dées, *tuitione Prætoris*, soit au moyen des interdits utiles possessoires (L. 28. D. *De Servit.*),
soit au moyen de l'action Publicienne. (L. 11,
§ 1. D. *De Public. in rem act.*)

La mancipation n'eut plus sa raison d'être,
quand disparut la division des choses en *res
mancipi* et *nec mancipi*. Elle était d'ailleurs peu
usitée, à cause de ses formes gênantes. Aussi
Justinien, en la supprimant, ne fit-il que sanctionner ce qui se passait en pratique.

§ 2. *In jure cessio.*

L'*in jure cessio* est un procès fictif, l'image
d'une action en revendication, sous le système
des actions de la loi. L'acquéreur et l'aliénateur se présentent devant le magistrat,
avec la chose qui fait l'objet du contrat. Le
premier affirme solennellement son droit de
propriété : « hunc ego hominem ex jure Quiri-
tium meum esse aio. » Le magistrat demande à
l'aliénateur, si de son côté il élève la même prétention, et sur sa réponse négative, il déclare

que la chose appartient à l'acquéreur. L'*in jure cessio*, appliquée à la constitution des servitudes, n'était donc que le simulacre d'une action confessoire. Usitée pour la translation de propriété des *res nec mancipi* comme des *res mancipi*, elle servait par conséquent à l'établissement des servitudes, soit rustiques, soit urbaines. Elle était d'un usage moins fréquent que la mancipation, parce qu'elle avait l'inconvénient de nécessiter l'intervention du magistrat. C'est ce que fait remarquer Gaïus, Com. 2, § 25). Cependant l'*in jure cessio* présentait peut-être cet avantage que l'établissement constaté pour ainsi dire par ce magistrat, était entouré de plus sérieuses garanties.

La servitude, à l'aide de la *cessio in jure*, pouvait être constituée par *deductio* et par *translatio*. Comme la mancipation, la *cessio in jure* ne s'appliquait pas aux fonds provinciaux, non susceptibles de propriété quiritaire. (Com. 2, § 29). Comme la mancipation enfin, ce mode de translation de la propriété tomba peu à peu en désuétude et il n'en est plus question sous Justinien.

§ 3. *Testament.*

Les servitudes s'acquièrent aussi par testament. Le Digeste renferme un titre *de servitute legata*, et le § 47, *Fragmenta Vaticana*, énonce formellement ce mode d'établissement. Ce texte n'a trait, il est vrai, qu'aux servitudes personnelles, mais, disons-le une fois pour toutes, on peut très légitimement appliquer aux servitudes prédiales les textes relatifs à l'établissement de l'usufruit : « Via, iter, actus, aquæductus iisdem fere modis constituuntur quibus et usumfructum constitui dicimus. » (L. 5, D. *de servit*). Nous retrouvons encore ici les deux procédés de la *translatio* et de la *deductio*. Le testateur peut léguer directement une servitude sur un immeuble qu'il laisse *in hereditate* ou bien léguer deux fonds, en assujettissant l'un à de certains services au profit de l'autre. Il peut encore réserver sur l'immeuble dont il dispose un droit de servitude, en faveur d'un autre immeuble qui ne sort pas de l'hérédité; c'est alors qu'il y a *deductio*. Toutes ces hypothèses se retrouvent dans les lois 19, *pr*. D., *de usuf. et quemad.*; 3 et 7, *de servit. leg*.

Des quatre formes de legs en usage à l'époque classique, le legs *per vindicationem* était le seul que transférât *ipso jure* la propriété de la chose léguée, le seul, par conséquent qui, appliqué à l'établissement d'une servitude, pût aboutir à la constitution *ipso jure* d'un droit réel. Le legs *per damnationem* imposait seulement à l'héritier l'obligation de délivrer la servitude par un des modes d'établissement du droit civil. Le légataire avait l'action *ex testamento*, pour obte-

nir cette délivrance. La différence entre le legs
de servitude *per vindicationem* et le legs *per damnationem*, est nettement mise en relief dans les
sentences de Paul. (Liv. 3, t. 6, § 17).

§ 4. *Adjudication.*

Jusqu'ici, nous avons vu la servitude constituée par les parties elles-mêmes; il nous reste à
nous occuper de son établissement par le juge,
en vertu des pouvoirs qui lui sont donnés par la
loi.

Le juge attribuait la propriété ou établissait
un droit réel, dans les actions en partage et en
bornage, qui se présentent sous les noms de
*familiæ erciscundæ, communi dividundo, finium
regundorum.* (Ulp., t. 19, § 16). L'adjudication
consiste précisément dans cette attribution de la
propriété, ou cette constitution de droit réel.
Ainsi, lors du partage d'un héritage commun,
une servitude pouvait être établie sur un des lots
au profit d'un autre lot; mais la constitution devait avoir lieu au moment même de l'attribution
de la propriété, et elle ne pouvait porter que sur
un des fonds compris dans le partage. C'est ce
qui résulte de la loi 18. D. *Comm. divid.* : « Ut
fundus hereditarius fundo non hereditario ser-
viat, arbiter disponere non potest; quia ultra id

quod in judicium deductum est, excedere potestas judicis non potest. »

L'adjudication transférant la propriété des *res mancipi* et *nec mancipi*, s'appliquait à l'établissement des servitudes rustiques et urbaines. Toutefois, en ce qui concerne ses effets, nous devons distinguer entre le *judicium legitimum* et le *judicium imperio continens*. Le *judicium legitimum* était celui rendu à Rome même, ou dans un rayon d'un mille, devant un seul *judex* et entre citoyens romains. (Gaius, *Comm.*, 4, § 103); tout autre jugement était *imperio continens*. La propriété quiritaire n'était transférée par l'adjudication, que lorsque celle-ci avait lieu dans un *judicium legitimum*. Autrement, l'adjudicataire avait seulement la chose *in bonis*. (L. 44, § 1, D. *Fam. ercisc.*). De cette distinction, appliquée à l'établissement des servitudes, il résulte que l'ancien droit civil ne reconnaissait que celles adjugées *in judicio legitimo*. (Frag. Vat., § 47). Constituées *in judicio imperio continenti*, elles ne valaient que *tuitione prætoris*.

SECTION II.

Modes d'établissement du droit prétorien.

Nous avons eu déjà l'occasion de signaler l'intervention du préteur, dans l'établissement des servitudes. Il munit d'une action et d'un interdit utiles les droits que, par les pactes et stipulations, on arrivait à constituer sur les fonds provinciaux. Nous venons de voir que les servitudes adjugées *in judicio imperio continenti* ne valaient que *tuitione prætoris*. Mais la grande réforme du préteur, qui renouvela, pour ainsi dire, la théorie de l'établissement des servitudes, ce fut l'introduction de la quasi-possession de ces droits réels. De cette idée de quasi-possession, dérivèrent la *præscriptio longi temporis* et la quasi-tradition qui, comme mode d'établissement, se substitua peu à peu et finalement d'une façon définitive à la *mancipatio* et à l'*in jure cessio*. C'est cette réforme que nous allons exposer, en étudiant successivement la quasi-tradition et la *præscriptio longi temporis* des servitudes.

§ 1. *Quasi-tradition.*

L'ancien droit civil n'admettait pas que la tradition pût s'appliquer aux choses incorporelles. Cette idée et l'idée contraire, due à l'influence prétorienne, sont nettement mises en regard dans le texte suivant de Javolénus :
« Quotiens via aut aliquod jus fundi emeretur, cavendum putat esse Labeo, per te non fieri, quominus eo jure uti possit; quia nulla ejusmodi

juris vacua traditio esset. Ego puto, usum ejus juris pro traditione possessionis accipiendum esse. Ideoque interdicta veluti possessoria constituta sunt. (Loi 20. D., *De servit.*). » Ainsi, Labéon n'admettait pas que la servitude pût être constituée par une tradition; on remplaçait, dit-il, cette tradition par l'engagement du vendeur qu'il ne s'opposerait pas aux actes d'exercice émanés de l'acheteur. Javolénus reconnaît, au contraire, la possibilité de la tradition, qui consiste précisément dans le libre exercice de la servitude par le propriétaire du fonds dominant.

C'est qu'entre ces deux jurisconsultes s'était écoulé près d'un siècle, pendant lequel s'établit la notion de la quasi-possession des droits incorporels. A l'époque d'Ulpien, la doctrine nouvelle ne faisait plus doute, et ce jurisconsulte s'exprimait ainsi dans la loi 1, § 2. D. (*De servit. præd. rustic.*) : « Traditio plane et patientia servitutum inducet officium prætoris. » Il est probable que le préteur appliqua d'abord la quasi-tradition à la constitution des servitudes sur les fonds provinciaux, et protégea les charges ainsi constituées à l'aide d'interdits possessoires utiles et de l'action publicienne; puis l'innovation s'étendit aux fonds italiques. L'idée que les objets corporels sont seuls susceptibles d'être possédés reposait, en effet, sur une notion trop étroite de la possession. Si celle-ci consiste dans l'exercice du droit de propriété, l'exercice plein et entier d'un droit de servitude n'équivaut-il pas lui aussi, à la possession de ce droit? Quand je passe sur un fonds, quand j'y puise de l'eau, il est évident que je possède le droit de passage, de puisage, comme je possède un objet dont j'ai la détention matérielle. C'est ce que comprirent les préteurs, et la tradition consista, dès lors, à mettre en possession de la servitude le propriétaire de l'héritage dominant. Seulement, par scrupule de langage, on remplaça les expressions de tradition, de possession, par celles de : quasi-tradition, de quasi-possession.

Il nous faut maintenant indiquer, d'une façon aussi exacte que nous le permettra l'obscurité de la matière, quels faits constituaient cette mise en possession.

Nous devons à cet égard distinguer entre les différentes servitudes prédiales. Une servitude peut consister dans une série d'actes accomplis sur le fonds servant par le propriétaire du fonds dominant, tels un droit de passage, un droit de puisage; ou bien dans un certain état des lieux, suivant lequel l'héritage dominant empiète sur l'héritage servant, comme dans l'hypothèse d'un *jus tigni immittendi*. Ou bien enfin la servitude a pour objet d'empêcher le propriétaire du fonds assujetti d'accomplir certains actes que lui donne pouvoir de faire le droit commun de la propriété : telle la servitude *non altius tollendi*. Nous savons que, dans les deux premières hypothèses, les servitudes sont dites positives, et dans la dernière négatives.

En ce qui concerne les servitudes positives, il est évident que la quasi-possession consistera dans l'exercice des actes ou dans l'établissement de l'état des lieux, qu'a pour objet le droit de servitude ; sur ce point, pas de difficulté. Remarquons seulement que, conformément à la notion générale de la possession, les actes en question devront être exercés et l'état des lieux établi, non pas à titre de simple tolérance, mais en tant que constituant une véritable servitude ; en un mot, comme un droit : « Servitus usus non videtur, nisi is qui suo jure uti, se creddit (l. 25, Quemad. servit. amitt. Comp. l. 7, De itin. act. privat.). » Ce qui revient à dire qu'il faut, comme dans toute possession, la réunion du *corpus* et de l'*animus possidendi*.

Mais la question est beaucoup plus délicate pour les servitudes négatives. On comprend, en effet, difficilement comment on pourrait faire appréhension d'un droit qui consiste purement à jouir d'un état de choses, sans aucune manifestation extérieure et saisissable, par exemple, d'une servitude *non altius tollendi*. D'où des controverses animées sur les faits constitutifs de la quasi-possession, dans l'espèce. Attachons-nous à ce *jus non altius tollendi*. Voici d'abord une hypothèse dans laquelle on s'accorde à reconnaître tous les éléments de la quasi-possession.

Le propriétaire d'un fonds prétendu grevé d'une servitude *non altius tollendi* a voulu bâtir, et il en a été empêché, soit par l'opposition de son voisin, soit par une défense du juge (l. 15, *De op. nov. nunt. L. § 45, De damn. infect.*). Ici, il est impossible de ne pas reconnaître que celui qui a empêché son adversaire de construire, a la quasi possession de la servitude *non altius tollendi*. Aussi des auteurs ont-ils essayé de généraliser cette espèce et d'en faire, pour ainsi dire, le mode d'établissement de la quasi-possession. D'après eux, on feignait une tentative d'acte contraire à la servitude, tentative aussitôt réprimée par une opposition également feinte, et la quasi-possession se trouvait ainsi constituée symboliquement. Mais ce n'est là qu'une supposition, imaginée faute de mieux et que rien ne justifie. Outre que la nature de la possession s'accommode mal de ce genre d'appréhension symbolique, aucun texte, de près ou de loin, ne fait allusion à ce procédé, assez original pour mériter une mention au Digeste. Ce système écarté, faut-il se ranger à l'avis de ceux qui prétendent que la simple inaction du propriétaire qui ne bâtit pas constitue ses voisins possesseurs de la servitude négative; de sorte que tout propriétaire aurait, contre tous ses voisins, la possession du *jus non altius tollendi*, pour la hauteur actuelle des édifices. Cette opinion est basée sur ces mots de la loi 6, §1. D. « Si servit. vindic. :

si forte non habeam ædificatum altius in meo, adversarius meus possessor est. » Mais ce texte ne doit pas être isolé de celui qui le précède, et qui, comme lui, a trait uniquement à une servitude déjà constituée. Le jurisconsulte veut simplement établir que, dans l'action confessoire, à l'inverse de ce qui a lieu habituellement, le demandeur peut quelquefois être en possession du droit en litige, et il en donne un exemple dans la phrase qu'on nous oppose. On ne peut donc rien tirer du texte, puisqu'il se rapporte à une servitude déjà existante, dont le titulaire reste naturellement en possession, tant que le maître de l'héritage servant ne fait rien de contraire à son existence. De plus le système tombe devant cette seule observation, qu'il n'est pas admissible qu'un propriétaire puisse posséder, par le seul fait de l'état des lieux, d'innombrables servitudes sur les fonds environnants.

Pour nous, la véritable notion de la quasi-possession des servitudes négatives est dans la réunion de l'état des lieux et du fait qui justifie cet état, autrement dit du *corpus* et de l'*animus possidendi*. La possession des servitudes, nous le répétons, ne repose point sur tout exercice en général, mais seulement sur leur exercice comme droit. Par cela qu'un propriétaire n'a pas bâti sur son fonds, il ne s'ensuit pas que son voisin soit en possession du *jus altius non tollendi;* pour que la servitude existe, il faut de plus que cette abstention soit motivée, imposée, et non plus simplement accidentelle. C'est ce qui explique pourquoi l'opposition à un acte contraire à la servitude établit la quasi-possession; l'abstention apparaissant alors non plus volontaire, mais imposée par le propriétaire du fonds dominant. Il doit en être de même lorsque, à l'appui de la servitude qui existe de fait, ce propriétaire peut présenter, soit un contrat, soit un testament qui l'établisse de droit, et justifier ainsi, par la présentation d'un titre, que l'abstention du voisin qui ne bâtit pas, n'est point accidentelle, mais nécessaire. C'est alors seulement qu'il se trouve en possession de la servitude. Nous en conclurons donc, avec M. de Savigny (*Traité de la possession*, p. 567), que la quasi-possession des servitudes négatives s'acquiert de deux manières : par résistance ou par titre, c'est-à-dire, 1° en s'opposant à la tentative d'un acte contraire à la servitude; 2° par tout acte juridique de nature à transmettre le droit de servitude. Cette résistance ou cet acte juridique étant joints à l'état de fait.

A l'aide de la quasi-tradition, on put constituer une servitude, soit directement, par *translatio* soit par *deductio*. Jusqu'alors la servitude ne pouvait pas plus être *deducta in traditione* que *translata traditione*. La quasi-tradition devint aussi le mode d'établissement le plus ordinaire sur les fonds provinciaux, qui n'admettaient ni la *mancipatio*, ni l'*in jure cessio*. Les servitudes, constituées *quasi-traditione*, furent protégées par des interdits quasi-possessoires et par l'action publicienne donnée, en droit commun, à celui qui avait perdu la possession d'une chose qu'il usucapait (L. 11, § 1, D. *De publ. act.*). En un mot, la quasi-possession joua vis-à-vis du droit de servitude, le même rôle que la possession vis-à-vis du droit de propriété, produisit les mêmes effets, et fut sauvegardée par des moyens analogues à ceux qui protégeaient la possession civile.

§ 2. *Præscriptio longi temporis.*

Nous trouvons au Digeste mention d'une loi Scribonia, qui supprima l'usucapion des servitudes (L. 4, § 29, D., *De usurp. et usuc.*). Cette usucapion était donc admise dans l'ancien droit civil, mais elle ne s'appliquait probablement qu'aux servitudes urbaines. En effet, le motif qui, d'après le jurisconsulte Paul, s'opposerait à cette usucapion, n'est vrai qu'en ce qui concerne les servitudes rustiques : « Quia tales sunt hæ servitutes (prædiorum rusticorum servitutes), ut non habeant certam continuamque possessionem. Nemo enim tam perpetuo, tamque continenti ire agere potest, ut nullo momento possessio ejus interpellari videatur (Liv. 14, D., *De servit.*). » On comprend très-bien que si les servitudes qui apparaissent généralement comme rustiques, ne sont pas susceptibles d'une possession continue, par suite des interruptions forcées inhérentes à leur exercice, il doit en être tout autrement des servitudes urbaines qui, par leur nature même, supposent un état des lieux permanent. Il est d'ailleurs remarquable que la loi 4, § 19, D., *De usurp. et usuc.*, qui fait allusion à la prohibition de la loi Scribonia, n'a trait qu'aux servitudes urbaines, les seules auxquelles s'applique l'*usucapio libertatis* dont parle le texte. Ainsi donc, il est probable qu'avant la loi Scribonia, l'usucapion des servitudes urbaines était seule tolérée. Cette usucapion avait lieu au bout de deux ans, comme celle de la propriété. Mais, du moment que le droit civil répudiait l'idée de possession des servitudes et leur refusait, comme conséquence, le bénéfice de l'établissement par tradition, il était contradictoire d'admettre l'acquisition des servitudes urbaines, par la voie de l'usucapion, dont la notion ne se sépare pas de celle de la possession. Aussi, dût-il y avoir lutte pour arriver à l'assimilation de toutes les servitudes, au point de vue de la non-possibilité de leur usucapion, lutte qui se termina par le triomphe des adversaires de la possession, par la loi Scribonia. — Aussi Paul, après avoir dit, dans la loi 14, citée plus haut, que les servitudes rustiques ne pouvaient être acquises par usucapion, ajoute-t-il : « Idem et in servitutibus urbanorum prædiorum observatur. »

Telle nous semble être l'explication la plus naturelle de la loi Scribonia. L'usucapion des servitudes urbaines est d'abord seule admise, parce que les servitudes rustiques ne semblent pas susceptibles d'une possession continue, puis la loi dont nous nous occupons tire une dernière conséquence du rejet de la possession en matière de servitudes, en supprimant l'usucapion de ces droits réels. M. Molitor, dans son savant commentaire sur les servitudes, a proposé une autre explication. D'après cet auteur, la *præscriptio longi temporis* par dix à vingt ans s'appliquait aux servitudes rustiques, antérieurement à la loi Scribonia, en sorte que ces dernières se prescrivaient par dix à vingt ans, tandis que les servitudes urbaines, soumises au régime de l'usucapion, s'acquéraient au bout de deux ans seulement de possession. Faire cesser cette inégalité choquante, tel fut le but de la loi Scribonia, qui laissa subsister la *præscriptio longi temporis*, s'appliquant désormais dans les mêmes conditions aux servitudes urbaines comme aux servitudes rustiques. Nous ne pouvons admettre cette explication, car nous ne croyons pas qu'avant la loi Scribonia, la *præscriptio longi temporis* par dix à vingt ans ait existé d'une façon certaine et systématique. Pour nous, cette *præscriptio* est un des dérivés du principe de la quasi-possession des servitudes, dont l'admission définitive est bien postérieure à la loi Scribonia. En effet, cette loi date des dernières années de la République ou des premières années de l'Empire, de 704 à 720, et nous avons vu dans la loi 20, *De serv. præd. urb.*, que Labéon, qui vivait au temps d'Auguste, contestait encore et d'une façon très-nette la quasi-possession et la quasi-tradition des servitudes. Au reste, il faut le reconnaître, toutes ces questions relatives à la loi Scribonia sont fort obscures, par suite du silence des textes, et l'on ne peut guère raisonner que d'après des probabilités.

Quoi qu'il en soit, dès que les préteurs eurent fait prévaloir la théorie de la quasi-possession, on fut forcément conduit à admettre la prescription acquisitive des servitudes par long usage, ce qui n'est que la sanction de la possession prolongée. Un texte d'Ulpien semble contraire à l'admission de cette *præscriptio longi temporis :* « hoc jure utimur, ut servitutes per se nusquam longo tempore capi possint, cum ædificiis possint, (L. 10 § 1, de usurp. et usuc.). » Mais ce texte veut dire seulement que les servitudes, n'existant point, abstraction faite des héritages sur lesquels elles portent, ne peuvent s'acquérir sans biens fonds, (*per se.*) Entendu dans un sens exclusif de la *præscriptio longi temporis*, il serait impossible de le concilier avec un autre texte du même Ulpien, qui fait allusion à une servitude constituée par long usage. (L. 10 *proœm. Si servit. vindic.*). Ajoutons que quelques auteurs ont encore expliqué la loi 10, en soutenant que la leçon primitive, altérée par les compilateurs de Justinien, portait *nusquam usucapi possint*. Si on admet cette version, on voit que le jurisconsulte décidait, qu'en usucapant la propriété d'un immeuble, on pouvait acquérir en même temps les servitudes qui appartiennent à cet immeuble, la loi Scribonia ne s'opposant point à cette acquisition indirecte.

La *præscriptio longi temporis* s'appliqua d'abord à la constitution des servitudes sur les fonds provinciaux, puis fut étendue aux fonds italiques. La servitude ainsi établie était protégée en premier lieu par une exception (*præscriptio*) insérée en tête de la formule par le magistrat, et en vertu de laquelle le juge devait déclarer que le possesseur exerçait légitimement le droit en litige, par cela seul que sa possession réunissait certaines conditions déterminées. De plus, nous trouvons dans les textes et particulièrement dans la loi 10 *pr. D. Si servit. vindic.*, mention d'une action réelle utile, qui sauvegardait la servitude acquise par long usage : « Si quis diuturno usu et longa quasi possessione jus aquæ ducendæ nactus sit, non est ei necesse docere de jure, quo aqua constituta est, veluti ex legato vel alio modo, sed utilem habet actionem, ut ostendat, per annos forte tot usum se non vi, non clam, non precario possedisse. » Il s'agit de nous fixer sur la nature de cette action.

Était-ce l'action publicienne? Nous ne le croyons point. L'action publicienne compétait à celui qui, étant en voie de proscrire, venait à perdre la possession : elle avait pour but de la lui faire recouvrer. Par analogie, le préteur donnait une action publicienne utile à celui qui perdait la quasi-possession d'une servitude, et cela, comme en droit commun, sans se préoccuper du plus ou moins de durée de cette possession. Si donc l'*actio utilis*, dont parle la loi 10, était elle-même l'action publicienne, l'accomplissement de la *præscriptio longi temporis*, n'aurait rien ajouté à la sûreté dn possesseur de la servitude. Cette publicienne utile était d'ailleurs insuffisante, car elle n'avait aucune chance de triomphe vis-à-vis de l'action négatoire du véritable propriétaire du fonds, pas plus qu'en droit commun cette même publicienne ne l'emportait sur la revendication du propriétaire, toujours maître de la paralyser par une exception *justi dominii*. Nous pensons donc que cette *actio utilis* était une véritable action confessoire utile qui protégeait la servitude acquise par *præscriptio longi temporis*, comme la revendication protégeait la propriété acquise par usucapion; action confessoire analogue aux actions utiles attachées aux servitudes constituées par un emphythéote

ou un superficiaire, et que mentionne la loi 1,
§ 9, au titre *De superficiebus*. Remarquons, en
effet, que, s'il est parlé au Digeste d'une action
publicienne protégeant la quasi-possession et la
quasi-tradition, il n'est question que d'*actio utilis*
dans les textes qui ont trait à la « *præscriptio
longi temporis* » des servitudes (l. 1, § 23, *In
fine*. D. « De aquâ et aquæ pluv. arc, » l. 10,
proœm. p. c.). De plus, deux constitutions de
l'empereur Antonin, au Code de Justinien, nous
disent que les servitudes sont acquises « tempore, exemplo rerum immobilium. » Ce qui fait
présumer une analogie parfaite entre les actions
qui résultent de la prescription des servitudes ou
de la propriété.

Nous devons maintenant examiner quelles
étaient les conditions requises pour cette « *præscriptio longi temporis*. » C'est la partie la plus
délicate de notre tâche, à cause de l'obscurité
et de l'insuffisance des textes.

La première condition, pour prescrire acquisitivement une servitude, est d'en avoir la quasi-
possession. Cette quasi-possession doit être telle
que nous l'avons définie précédemment, c'est-
à-dire que, s'exerçant à titre de droit, le fait
matériel doit être joint à l'*animus possidendi*.
Celui qui passe sur un fonds, par la tolérance du
propriétaire ou à l'insu de ce propriétaire, mais
prêt à obtempérer à sa première défense, ne
peut être considéré comme en possession de la

servitude de passage : « Si per fundum tuum;
nec vi, nec clam, nec precario, commeavit ali-
quis; non tamen tanquam id suo jure faceret,
sed si prohiberetur non facturus; inutile est ei
interdictum de itinere actuque, nam ut hoc interdictum competat, jus fundi possedisse oportet » (l. 7, D. *de itin. act. privat. comp.*; l. 1, § 6,
cod. tit.). La possession, dans ces conditions,
est évidemment entachée de précarité.

Reste à savoir si cette possession doit être
exactement modelée sur celle qui conduit à
l'usucapion des choses corporelles. Et, d'abord,
doit-elle reposer sur un *justus titulus?* On a contesté la nécessité du *justus titulus*, en se basant
sur la loi 10, *pr.* D. *Si. serv. vind.*, citée
plus haut, qui, pour la prescription de la servitude, se contente d'exiger qu'elle ait été exercée
« nec vi, nec clam, nec precario. » La même
idée se retrouve dans les derniers mots de la
loi 1, C. *de servit.* On répond en opposant les
lois 12, C. *de præsc. long. temp.*, et 2, C. *de
servit. et aqua*, qui assimilent la prescription de
la servitude et celle de la propriété : mais cette
assimilation n'a peut-être été établie qu'en ce
qui concerne le temps. Pour notre part, nous
croyons qu'il faut distinguer, à cet égard, entre
les servitudes positives et les servitudes négatives. Nous sommes assez portés à admettre, en
généralisant les lois 10, D. *Si servit. vindic.*, et
1, C. *De servit. et aqua*, qui ont trait, l'une à une

servitude consistant *in faciendo*, l'autre à une servitude consistant *in habendo*, que pour la prescription des servitudes positives il suffisait que la possession eût été affranchie des vices de précarité, de clandestinité et de violence. Mais nous ne voyons aucune raison qui puisse justifier l'inutilité du *justus titulus*, quand il s'agit de servitudes négatives. La quasi-possession de telles servitudes, en l'absence du juste titre, est entachée de précarité. Il est, en effet, inadmissible que la simple inaction d'un propriétaire qui ne bâtit pas, puisse suffire pour faire acquérir à son voisin, au bout de dix à vingt ans, la servitude *non altius tollendi*. Il faut, évidemment, que l'exercice ait été commencé dans des conditions telles, que celui qui prescrit se soit cru en droit de jouir de la servitude, en vertu, par exemple, d'une constitution émanant d'un non-propriétaire du fonds assujetti. Nous avons vu, d'ailleurs, que la quasi-possession des servitudes négatives ne se séparait pas de l'idée d'un fait initial justifiant l'exercice du droit. Concluons donc à la nécessité du *justus titulus*, dans cette hypothèse.

Quelques auteurs exigent, en outre, pour la *præscriptio longi temporis* des servitudes, soit positives, soit négatives, la *scientia domini*, c'est-à-dire la connaissance, par le propriétaire du fonds prétendu servant, des actes de jouissance de la servitude. Cette opinion repose sur les pre-

miers mots de la loi 2 C. « De servit., et aqua :
Si aquam per possessionem Martiali, eo sciente,
duxisti, servitutem exemplo rerum immobilium
tempore quæsisti. » De ces mots, *eo sciente*, on
a voulu conclure à la nécessité de la *scientia domini*. Mais, comme on peut s'en convaincre en
lisant le texte dans son entier, ils n'ont trait qu'à
une simple circonstance de fait qui devait y être
relatée. Il s'agit d'une possession qui s'exerce
au su de l'adversaire, et qui, par conséquent,
doit, si elle est paisible, conduire à la prescription sans que le possesseur ait rien à prouver
touchant sa publicité. Les mots *eo sciente* ne
font qu'exprimer ce caractère particulier de la
possession dans l'espèce, et il est impossible
d'en tirer une décision générale. Ajoutons que
les nombreux textes relatifs à la *præscriptio
longi temporis* ne contiennent rien qui touche à
la nécessité de cette *scientia domini*. Voyez surtout les lois 10 D. *Si servit. vindic.*, et l. 55, 23
D. *De itin. act. priv.*, où l'on voit que le jurisconsulte s'est efforcé d'indiquer exactement les
conditions requises pour la prescription.

Le possesseur doit être de bonne foi ou au
moins l'avoir été au commencement de la quasi-
possession. Cette condition est formellement
énoncée dans la loi 1, § 10 D. *De aqua quot. et
æst.* : « Sufficit enim, si jure se ducere putavit,
nec vi, nec clam, nec precario duxit. » A côté
de l'exercice de la servitude *nec vi, nec clam,*

nec precario, le jurisconsulte exige la bonne foi du possesseur : *si jure se ducere putavit*. Cependant quelques auteurs soutiennent que cette condition se confondait avec la possession paisible, en sorte qu'il suffisait, pour arriver à la prescription, d'avoir joui *nec vi, nec clam, nec precario*. Mais cette donnée est manifestement fausse. Il n'est pas vrai que l'exercice *nec vi, nec clam, nec precario*, décèle nécessairement la bonne foi du possesseur; sans doute un tel exercice doit la faire présumer, mais n'est-ce pas le propre de la bonne foi d'être toujours présumée? On peut facilement concevoir telle hypothèse dans laquelle le possesseur paisible sera cependant de mauvaise foi; supposez seulement qu'il jouisse de la servitude parce qu'il sait que le propriétaire du fonds prétendu servant se croit à tort obligé de la souffrir. La bonne foi ne doit donc pas être confondue avec l'exercice *nec vi, nec clam, nec precario*, et reste une des conditions essentielles de notre *præscriptio longi temporis*.

On a également prétendu que le temps requis pour prescrire n'était pas exactement déterminé, et qu'il dépendait de l'appréciation faite par le juge de la nature de la servitude et du caractère de sa possession; à l'appui, on a invoqué ces mots de la loi 10 *proœm.* D. *Si servit. vindic.* : « Utilem habet actionem, ut ostendat per annos forte tot usum se possedisse, » qui semblent indiquer que le délai dont il s'agit était indéterminé. Mais le même texte, comme tous ceux relatifs à la prescription des servitudes, parle de *diuturnus usus*, de *longa possessio*; or, ces mots *longa possessio, longum tempus*, faisaient allusion, chez les Romains, à un délai dont les limites étaient bien connues, savoir : dix ans entre présents et vingt ans entre absents : « longum tempus, exemplo longæ præscriptionis, decennii inter præsentes et inter absentes vicennii computatur » (Paul Sent., liv. 5, t. 5). D'ailleurs, le préteur, assimilant les choses incorporelles aux choses corporelles, au point de vue de la possession, était conduit à fixer le même délai pour la prescription des unes comme des autres. Ajoutons que la loi 2 au Code : *De servit. et aqua*, dispose formellement que cette acquisition des droits incorporels s'opère *exemplo rerum immobilium*. Il fallait donc, pendant dix à vingt ans, avoir joui de la servitude par soi-même ou par autrui. On pouvait d'ailleurs, conformément au droit commun, joindre sa possession à celle de son auteur, pourvu que cet auteur eût lui-même possédé *nec vi, nec clam, nec precario* (l. 3, § 2, D. *De itin. act. priv.*).

Pour conduire à la prescription, la possession doit s'être continuée sans interruption. Elle est interrompue toutes les fois que l'exercice de la servitude est troublé d'une façon quelconque par le propriétaire du fonds prétendu servant,

soit par un acte d'opposition, soit par une défense verbale : « Prohibitus autem intelligitur
quolibet prohibentis actu ; id est, vel dicentis se
prohibere, vel manum opponentis, lapillumve
pactantis prohibendi gratia (l. 20, § 1, D. *Quod
vi aut clam*). Un auteur allemand, Mullenbruch,
s'appuyant sur les lois 6 et 20 *pr.* D. *De servit. præd. rust.*, a soutenu que la quasi-possession des servitudes urbaines ne s'interrompait
que par la disparition de l'état de superficie dans
lequel elles consistent, et spécialement pour la
servitude *tigni immittendi*, que par la fermeture
des trous où reposent les poutres. Mais cet auteur confond évidemment la prescription acquisitive avec la prescription extinctive, par suite
du non-usage. Les textes sur lesquels il s'appuie ont trait à des servitudes déjà constituées,
et, examinant à quelles conditions l'interruption
de la possession conduit à l'extinction par non
usage, ils établissent pour les servitudes urbaines la nécessité de *l'usucapio libertatis*. Ils
ne peuvent donc être invoqués dans notre hypothèse.

L'acquisition par *præscriptio longi temporis*,
dont nous venons d'étudier les conditions, ne
s'appliquait qu'aux fonds sur lesquels la constitution d'une servitude était possible en droit
commun ; elle n'avait donc lieu ni sur un fonds
dotal, ni sur les biens du fisc, des communautés.
Toutefois, une prescription extraordinaire de

trente ou quarante ans pouvait déplacer la propriété de ces biens du fisc, des communautés, et nous pensons qu'elle était applicable à l'établissement des servitudes.

On trouve mention au Digeste de la constitution d'une servitude par prescription immémoriale : « *Ductus aquæ, cujus origo memoriam excessit, jure constituti loco habetur.* » (L. 3, § 4. D. *De aqua quot. et æst.* Comp. L. 26. *De aqua et aquæ pluv. arcend.*) Mais ces textes ont seulement trait à la servitude d'aqueduc, ce qui semblerait indiquer que l'application de ce mode d'acquisition se restreignait à l'établissement de cette servitude. On pourrait cependant voir dans d'autres passages, au moins une allusion à la prescription immémoriale, en ce qui concerne les ouvrages relatifs à l'écoulement des eaux d'un héritage supérieur sur un héritage inférieur. (L. 28. D. *De probat. et præsump.* LL. 1, § 23, 2, § 1 et 8. D. *De aqua et aquæ pluv. arcend.*)

SECTION TROISIÈME.

Modes d'établissement du droit de Justinien.

A l'époque de Justinien, la mancipation avait disparu avec la division des choses en *res mancipi* et *res nec mancipi*; l'*in jure cessio* était tombée en désuétude. D'un autre côté, la distinction entre les fonds provinciaux et les fonds italiques n'existait plus. La quasi-tradition était donc le mode usuellement employé, pour constituer une servitude, soit par *deductio*, soit par *translatio*. Nous rencontrons ensuite la *præscriptio longi temporis*, qui s'accomplissait après une possession de dix à vingt ans (L. 12. C. *De præsc. long. temp.*); l'adjudication, sans plus distinguer si le *judicium* est *legitimum* ou non; enfin le legs. (Inst. Liv. 2. T. III, § 4.) En ce qui concerne ce dernier mode de constitution, nous avons fait observer qu'en droit classique la servitude n'était établie *ipso jure* que par le legs *per vindicationem*, le legs *per damnationem* imposant seulement à l'héritier l'obligation de constituer cette servitude par un des modes du droit commun. Mais Justinien assimila, quant à leurs effets, les quatre espèces de legs (L. 1. C. *Communia de leg.*), et le droit se trouva dès lors établi directement, quelle que fût la forme employée par le testateur. Il est même remarquable que le paragraphe des Instituts cité plus haut et emprunté à Gaius (L. 16. D. *Communia præd.*) se référait certainement, dans la pensée de ce jurisconsulte, à un legs *per damnationem*.

Les servitudes s'établissaient-elles sous Justinien par pactes et stipulations, ainsi que semblent l'indiquer les premiers mots du § 4 des Instituts : « Si quis velit vicino aliquod jus constituere, pactionibus atque stipulationibus id efficere debet? » Pouvait-on, même à l'époque classique, constituer ainsi un droit réel de servitude? C'est là une des questions les plus importantes et les plus controversées de notre sujet; nous allons en faire l'objet d'une étude toute spéciale.

Pactes et stipulations. — Nous voyons ces pactes et stipulations apparaître dès l'époque classique. C'était un procédé à l'aide duquel on arrivait à établir sur un fonds l'équivalent d'une servitude, lorsqu'un principe du droit civil s'opposait à la constitution du droit réel en lui-même. Ce procédé était surtout usité sur les fonds provinciaux. On sait en effet que ces fonds n'étaient pas susceptibles de propriété quiritaire, et que dès lors, ni la mancipation, ni l'*in jure cessio*, ne pouvaient, en province, se prêter à la constitution d'un droit réel de servitude. Aussi, jusqu'à ce que le préteur eût introduit la théorie de la quasi-tradition, dut-on avoir recours aux pactes et stipulations. C'est ce que nous apprend Gaius dans un texte célèbre : « Sed hæc scilicet in Italicis prædiis ita sunt, quia et ipsa prædia mancipationem et in jure cessionem recipiunt; alioquin in provincialibus prædiis, sive quis usumfructum, sive jus eundi agendi, aquamve ducendi, vel altius tollendi ædes, aut non tollendi, ne luminibus vicini officiatur, cæteraque similia jura constituere velit, pactionibus et stipulationibus id efficere potest : quia ne ipsa quidem

præid‍ia mancipationem et in jure cessionem recipiunt. (Com. 2. § 31.) » Nous trouvons encore,
dans deux autres textes, mention des pactes et
stipulations, comme intervenant dans des hypothèses où la constitution d'une servitude, en tant
que droit réel, était impossible. (LL. 35, § 1. D.
De servit præd. rust. et 13. D. *Communia præd.*)

Voici en quoi consistait le procédé en question : on commençait par préciser dans un pacte
les conditions d'exercice de la servitude; puis le
propriétaire du fonds dominant stipulait du propriétaire du fonds servant qu'il ne s'opposerait
pas à cet exercice, ou bien qu'il lui paierait, en
cas de trouble, une somme déterminée à titre de
peine. On voit que la servitude était ainsi constituée de fait et son exercice assuré, grâce à la stipulation pénale attachée à la convention. Mais peut-
on dire qu'un véritable droit réel résultait de l'o-
pération que nous venons de décrire ? On l'a soutenu. Déterminons d'abord l'intérêt de la question.

Si la servitude ainsi constituée existe en tant
que droit réel, elle devra être respectée, et par
le propriétaire qui l'a consentie, et par ceux qui
lui succéderont même à titre particulier dans la
propriété du fonds. Si au contraire, il ne s'agit
que d'une simple obligation sauvegardée par
une clause pénale, l'acheteur du fonds n'ayant
rien promis et n'ayant point succédé aux obligations personnelles de son auteur, pourra, par

une action négatoire, faire déclarer son immeuble libre de toute charge. Le propriétaire du fonds prétendu dominant n'aura d'autre ressource, que de se retourner contre celui de qui il tient la servitude et qui n'a pas obtenu de son acheteur l'engagement de la respecter.

On a donc soutenu que soit en droit classique, soit sous Justinien, un droit réel de servitude pouvait être constitué par pactes et stipulations, indépendamment de toute tradition.

Cette doctrine est essentiellement contraire à la distinction, fondamentale en droit romain, entre la transmission des droits réels et la création des obligations : « obligationum substantia non in eo consistit, ut aliquod corpus nostrum, aut servitutem nostram faciat; sed ut alium nobis obstringat ad dandum aliquid, vel faciendum, vel præstandum. » (L. 3, D. *de oblig. et act.*). La fonction de l'obligation est ici clairement définie. En effet, à part un cas présenté comme tout à fait exceptionnel, la constitution d'hypothèque, les pactes et stipulations, essentiellement productifs d'obligations, n'ont jamais eu pour effet de créer un droit réel. Voici à ce sujet un texte qui est formel : « traditionibus et usucapionibus dominia rerum, non nudis pactis transferuntur » L. 20, C. *de pactis*). Si le droit de propriété ne peut être transféré par un simple pacte indépendamment de toute tradition, il n'en peut être autrement des servitudes qui, démembrements de la propriété, doivent suivre pour leur acquisition, les mêmes règles que la propriété elle-même. La question est donc nettement tranchée en droit classique, par la seule force des principes généraux. Les partisans de l'opinion contraire, ont cependant prétendu que ces principes subissaient dans l'espèce une véritable dérogation, et, pour le prouver, ils ont invoqué un certain nombre de textes, dans lesquels ils ont vu la confirmation de leur système.

Ils se sont d'abord appuyés sur les expressions de Gaïus, dans le § 31 cité plus haut. Le jurisconsulte, faisant allusion aux pactes et stipulations, se sert du mot *constituere.* Or, dit-on, ce mot serait évidemment impropre, s'il n'avait trait qu'à une créance, ayant pour objet l'établissement d'un droit réel. Nous répondrons que Gaïus, dans la loi 3, *pr.* D. *de usuf. et quemad.*, parlant d'un usufruit légué *per damnationem* emploie également le mot *constituere.* Or, à coup sûr, il ne s'agissait dans l'espèce que d'une simple créance d'usufruit, puisque le legs *per damnationem* produisait non point la constitution directe du droit réel, mais l'obligation pour l'héritier de le constituer. Il faut donc reconnaître que le jurisconsulte s'est servi d'une expression inexacte, qu'on retrouve d'ailleurs dans d'autres textes (L. 1, § 1 et 3 D. *quibus mod. usuf. amitt.*)

On a surtout argumenté de la loi 27 § 4, D.

De usuf. ainsi conçue : « Si qua servitus imposita est fundo, necesse habebit fructuarius sustinere, unde si per stipulationem servitus debeatur idem puto dicendum. » Le texte suppose qu'une servitude a été constituée sur un fonds, par stipulation ; l'usufruitier de ce fonds est obligé de la respecter, ce qui semble indiquer qu'elle existe, comme droit réel. Mais nous ferons observer que le jurisconsulte a pu sous-entendre une tradition, qui a suivi la stipulation et donné naissance à un droit réel. Et, si on écarte cette supposition, nous répondrons encore que si l'usufruitier est tenu de respecter la servitude, c'est qu'il doit jouir du fonds selon sa destination, comme en jouissait le propriétaire lui-même. Le texte n'est que l'application de cette idée, fondamentale en matière d'usufruit.

On peut encore citer, comme favorables à l'opinion que nous combattons les lois 33 *pr.* D. *De servit. præd. rust* ; 17, § 4 D. *De usuf.* ; 4 C. *De usuf.* ; 11 *pr.* D. *Quibus mod. servit. amitt.* Nous ne pouvons entrer dans l'examen et l'explication de tous ces textes. Ils ne nous semblent pas de nature à contrebalancer l'argument que nous avons tiré de la loi 20 C. *De pactis.* Nous examinerons seulement une dernière objection qui porte surtout sur l'établissement des servitudes négatives. On a prétendu que ces servitudes ne pouvaient être constituées autrement que par pactes et stipulations, et cela parce qu'il était impossible de concevoir la quasi-tradition d'un droit, reposant sur un fait tout négatif, comme est l'obligation de ne pas bâtir dans la servitude *altius non tollendi*. Cette objection a vivement impressionné quelques-uns des partisans de notre système; tout en maintenant la nécessité de la quasi-tradition, pour la constitution des servitudes positives, ils ont reconnu que, dans l'hypothèse d'une servitude négative, un droit réel résultait des pactes et stipulations, puisque c'était là le seul mode possible d'établissement volontaire, entre-vifs. Cette concession ne nous semble pas admissible et nous n'en voyons nullement la nécessité. En traitant de la quasi-tradition, nous avons essayé de déterminer les caractères de la quasi-possession des servitudes négatives, et prenant comme exemple la servitude *altius non tollendi*, nous avons reconnu que cette quasi-possession consistait dans l'abstention du propriétaire qui ne bâtit pas, lorsque cette abstention est corroborée par un fait juridique qui la justifie. Or, du moment qu'il est admis que les servitudes négatives sont susceptibles de quasi-possession, rien ne peut s'opposer à leur établissement par quasi-tradition. L'objection ne nous touche donc pas, puisqu'il n'est point vrai de dire que les pactes et stipulations jouent ici un rôle indispensable.

Les textes ne manquent pas à l'appui de notre doctrine. Nous nons contentons de renvoyer aux lois 3, § 2. D., *De act. empti et vendi*; 11, D., *De servit.*; 136, § 1. D., *De verb. oblig.*; 1, § 2. D., *De servit. præd. rustic.* Insistons sur la loi 33, § 1. D., *De servit. præd. rust.*, qui nous semble décisive. Ce texte est ainsi conçu : « Per plurium prædia aquam ducis, quoquo modo imposita servitute. Nisi pactum vel stipulatio etiam de hoc subsecuta sit, neque eorum cuivis, neque alii vicino poteris haustum ex rivo cedere; pacto enim vel stipulatione intervenientibus, et hoc concedi solet, quamvis nullum prædium ipsum sibi servire, neque servitutis fructus constitui potest. » Il s'agit d'une servitude d'aqueduc, qui existe au profit d'un fonds, sur plusieurs autres héritages. Le propriétaire du fonds dominant ne peut concéder, comme servitude, le droit de puiser de l'eau à la conduite, ni aux propriétaires des fonds servants, ni à un tiers. Ni à un tiers, *quia servitus servitutis esse non potest*, ni aux propriétaires des fonds servants, *quia res sua nemini servit*. Le jurisconsulte nous dit qu'on avait recours aux pactes et stipulations, à l'aide desquels était constitué, non un droit réel, puisque les principes généraux en matière de servitude s'y opposaient, mais quelque chose d'analogue. Nous trouvons donc dans ce texte la confirmation pure et simple de notre proposition : des pactes et stipulations ne dérivait point en droit classique un droit réel de servitude, mais quelque chose d'approchant, c'est-à-dire, une

obligation qui, sanctionnée par une clause pénale, arrivait à peu près au même résultat pratique.

Ces pactes et stipulations devinrent-ils donc,
sous Justinien, un véritable mode d'établissement? Est-on forcé de l'admettre en présence
du § 4 des Instituts, qui a été le point de départ
de cette controverse? Pour nous, nous ne pouvons croire qu'un renversement aussi complet
des principes anciens, aboutissant ainsi au remaniement de la théorie des servitudes, en ce
qui concerne leur acquisition, n'ait pu laisser
d'autres traces que le paragraphe qu'on nous
oppose. Remarquons que ces principes avaient
la même force qu'autrefois, et que la loi 20
« dominia rerum non nudis pactis transferuntur, » dont nous avons fait la base de notre argumentation, est extraite du Code de Justinien.

Comment supposer qu'une pareille innovation
dérogeant à une règle aussi formelle, n'ait pas
été l'objet d'une de ces constitutions verbeuses
dont Justinien est d'ordinaire si prodigue, n'ait
pas entraîné le moindre remaniement dans les
textes qui ont trait à la constitution des servitudes? Enfin, comment expliquer la présence au
Digeste de tant de passages relatifs à la tradition, si on admet que les pactes et stipulations
étaient devenus le mode ordinaire d'établissement et avaient remplacé, à cet égard, la quasi-
tradition. On a prétendu que la quasi-tradition

avait conservé son utilité, en ce sens, qu'elle était nécessaire pour faire avoir à l'acquéreur de la servitude l'action Publicienne. La réponse est mauvaise, car on ne voit pas pourquoi l'action Publicienne n'aurait pas compété au titulaire de la servitude, constituée par pactes et stipulations. En effet, quand la propriété s'acquérait sans tradition, comme en matière de legs *per vindicationem*, le légataire pouvait intenter la Publicienne, sans avoir reçu livraison de la chose. (Lois 12, § 1 et 182, *De publ. in rem act.* Comp. Loi 11, § 2, et L. 15, *eod. tit.*). Si, entre-vifs, la quasi-tradition donnait seule l'action Publicienne, c'est qu'en réalité l'établissement volontaire du droit réel de servitude ne se concevait pas, indépendamment de cette quasi-tradition.

Reste à expliquer le § 4 des Instituts. Il est, croyons-nous, le résultat d'une inadvertance de Justinien, qui a copié maladroitement le texte de Gaius. Nous pensons, avec M. Accarias, dont nous reproduisons l'explication, « que Justinien « trouvant dans Gaius trois procédés indiqués « par ce jurisconsulte, savoir, pour les fonds ita-« liques, la mancipation et l'*in jure cessio*, pour « les fonds provinciaux les pactes et stipula-« tions, considérant que les deux premiers « avaient disparu et qu'il n'y avait plus de diffé-« rence entre le sol provincial et le sol italique, « a cru devoir reproduire purement et simple-

« ment les pactes et stipulations, et il l'a fait,
« préoccupé de cette seule idée que c'était là un
« procédé non abrogé et applicable partout,
« mais ne songeant pas plus à leur attribuer
« l'effet de la quasi-tradition, qu'à prévenir la
« fausse interprétation qui devait nécessaire-
« ment provenir de cette reproduction mutilée
« de Gaius. » (*Précis de droit romain*, p. 614).

La quasi-tradition resta donc le mode usuel
d'établissement des servitudes. C'était d'ailleurs
conforme au développement historique de notre
théorie, qui tendit constamment à l'assimilation
des modes de translation de la propriété et de
constitution des servitudes, droits réels, démembrements de la propriété. Dans l'ancien droit,
les modes solennels de la mancipation et de l'*in
jure cessio* sont seuls appliqués. Puis, nous
voyons la quasi-tradition, image de la tradition
des choses corporelles, apparaître et se dévelop-
per, comme toutes les institutions prétoriennes,
parallèlement aux procédés déjà existants. Enfin,
la mancipation et l'*in jure cessio* disparaissent et
la quasi-tradition demeure seule usitée pour
l'établissement volontaire des servitudes, comme
la tradition pour le transport de la propriété
entre-vifs.

Terminons cet exposé par quelques mots sur
les servitudes qui peuvent être constituées en
vertu d'une convention tacite. Lorsque l'établis-
ment d'une servitude était nécessaire pour l'exer-

cice d'un droit; on considérait cette servitude comme sous-entendue dans l'acte qui constituait ce droit. Ceci avait trait surtout aux servitudes de passage. Ainsi, lorsque plusieurs co-propriétaires se partageaient un fonds commun et que les parts des uns n'étaient accessibles qu'en passant sur les parts des autres, il était admis que la constitution de la servitude de passage avait été sous-entendue dans l'acte de partage. (L. 23, D. *De servit. præd. rust.*) De même, la concession d'un droit de puisage entraînait concession d'une servitude *itineris*. (L. 3, § 1. *De servit. præd. rust.*) Enfin, lorsque le légataire d'un fonds n'en pouvait jouir, qu'en passant sur un bien resté dans la succession ou même légué à un tiers, la servitude de passage devait être constituée à son profit. (L. 15, § 3. D. *De usu et usuf.*).

Mais la nécessité pouvait seule justifier la naissance de la servitude. Les Romains ne connaissaient pas l'établissement par destination du père de famille. On ne tenait aucun compte de l'état des lieux, au moment de la séparation de deux héritages, et le propriétaire qui voulait se réserver un droit de servitude, sur l'immeuble dont il disposait, devait énoncer formellement sa prétention. « Quidquid venditor servitutis nomine sibi recipere vult, nominatim recipi oportet. Nam illa generalis receptio quibus est servitus, ut ita sit, ad extraneos pertinet, ipsi nihil proficit, venditori ad jura ejus conservanda;

nulla enim habuit, quia nemo ipsi sibi servitutem debet; quinimmo et si debita fuit servitus, deinde dominum rei servientis pervenit ad me, consequenter dicitur, extingui servitutem. » (L. 10. D. *Communi præd.* Comp. L. L. 30 *pr.* D. *De servit. præd. urb.* et 1. D. *De servit. leg.*).

L'idée de servitudes créées par la loi n'était pas étrangère au droit romain. On doit reconnaître ce caractère à la défense d'élever les bâtiments au delà d'une certaine hauteur (L. 12, C. *De ædif. priv.*); à l'obligation pour tout propriétaire de recevoir les eaux, qui découlent naturellement des fonds dominants : (D. *De aqua et aquæ pluviæ arcendæ*); à la servitude de chemin ou de passage, imposée dans certaines hypothèses. (L. 14, § 6. D. *Quemad. servit. amitt.*).

SECTION IV.

Du terme, de la condition et du *modus* dans l'établissement des servitudes prédiales.

Nous allons examiner si la constitution d'une servitude pouvait être affectée d'un terme ou d'une condition. Nous bornerons nos explications à la condition, dont les principes en cette matière sont exactement applicables au terme.

Un des caractères du droit de propriété, c'est sa perpétuité. Ce droit est perpétuel en ce sens, qu'à la différence des droits de créance dont la destinée est de disparaître au bout d'un certain temps, il ne peut lui, s'éteindre que par la perte de la chose sur lequel il porte. Sans doute le propriétaire peut transmettre son bien à autrui, mais dans cette transmission on doit voir moins l'extinction du droit que son exercice. On peut même dire que sa transmission est une nouvelle preuve de sa permanence, puisqu'il subsiste, quoique déplacé. Le droit de propriété apparaissant donc comme absolu et perpétuel, les jurisconsultes romains en tirèrent cette conséquence, excessive à coup sûr, qu'il ne pouvait être transmis sous une condition résolutoire; car c'eût été l'affecter d'une chance d'extinction *tempore*, d'extinction de plein droit, contraire, disait-on, à son essence. Celui qui aliénait, avait seulement la faculté d'imposer à son acquéreur l'obligation conditionnelle de lui transférer de nouveau la propriété; la clause du retour de plein droit restant prohibée et entraînant même la nullité de l'opération. Mais la doctrine contraire fut, dès le droit classique, professée par quelques jurisconsultes et finit par triompher sous Justinien, qui admit la possibilité de la translation de la propriété *ad tempus* (L. 2, C. *De donat. quæ sub. mod.*).

Cette théorie, dont nous venons d'esquisser les principaux traits, était applicable aux servi-

tudes qui, droits réels démembrés de la propriété, en devaient subir le régime. Il en suit
que jusqu'à Justinien une servitude ne pouvait
être constituée ni à terme, ni sous une condition
résolutoire ; mais on discute vivement sur le point
de savoir si cette constitution pouvait être affectée d'un terme *a quo* ou d'une condition suspensive.

La question se pose sur un texte célèbre de
Papinien, la loi 4 *proœm*. D. *De servit.* : « Servitutes ipso quidem jure neque ex tempore, neque
ad tempus, neque sub conditione, neque ad certam conditionem, verbi gratia quamdiu volam,
constitui possunt ; sed tamen si hæc adjiciantur,
pacti vel per doli exceptione occurretur contra
placita servitutem vindicanti. Idque et Sabinum
respondisse Cassius retulit, et sibi placere. »

Comme on le voit, ce texte semble nier la possibilité de constituer une servitude, sous un
terme soit *a quo*, soit *ad quem*, sous une condition
soit suspensive, soit résolutoire. Mais tandis que
la translation de propriété affectée d'une condition résolutoire était nulle de plein droit, la servitude ainsi constituée était seulement réputée
pure et simple. Cette différence s'explique par
cette considération subtile, que les servitudes
peuvent disparaître un jour, tandis que la propriété se déplace plutôt qu'elle ne s'éteint. Le
texte ajoute même que par une exception de pacte
ou de dol, il était possible de faire échouer l'ac-

tion confessoire intentée après l'expiration du
terme ou l'évènement de la condition, en sorte
qu'on arrivait à peu près au même résultat pratique que si l'apposition de la modalité avait été
tolérée. C'était là une innovation du préteur.

Bornons nos explications à la condition, et
demandons-nous s'il faut reconnaître, ainsi que
la loi 4 semble l'indiquer, qu'une servitude ne
pouvait être établie *ipso jure* sous une condition
suspensive. Pour nous, il y a à cet égard une
distinction fondamentale à faire entre le droit en
lui-même et le mode employé pour le constituer.
Nous croyons que le droit de servitude n'a rien
qui répugne à l'apposition d'une condition suspensive, mais  celle-ci ne peut être insérée, ni
dans une mancipation, ni dans une *in jure cessio*,
ni dans une adjudication (*Frag. Vatic.*, §§ 40
et 50); et si la loi 4 paraît contraire à notre opinion, c'est qu'elle vise précisément l'hypothèse
dans laquelle la servitude est établie par un de
ces modes qui ne comportent ni un terme, ni
une condition. En un mot, ce n'est pas la nature
de la servitude qui a inspiré à Papinien sa décision, mais la nature de l'acte juridique employé
pour la constituer.

Tel n'est pas l'avis de plusieurs romanistes,
et notamment de M. Demangeat, qui soutient
que la prohibition dont il s'agit était absolue.
D'après cet auteur, Papinien, loin de trouver
dans le mode de constitution le motif de la règle

qu'il formule, raisonne plutôt dans l'hypothèse d'un procédé qui, comme le legs, admet toute espèce de modalité. C'est cette opinion que nous allons réfuter, en prouvant par des textes formels que le droit réel de servitude pouvait être établi *sub conditione*.

Remarquons d'abord que les termes mêmes de la loi 4 montrent bien qu'il s'agit dans l'espèce, non d'un legs, comme le prétend M. Demangeat, mais d'un mode d'établissement entre-vifs, mancipation ou *in jure cessio*. Papinien nous dit, en effet, que la modalité sera respectée, grâce à l'exception *pacti conventi*; or, comme on ne comprend l'apposition d'un pacte qu'à une convention, il ne peut être question de legs dans notre hypothèse. Voici comment les choses devaient se passer : on ne pouvait faire mention de la condition suspensive dans l'acte même ni de la mancipation, ni de l'*in jure cessio;* une pareille clause aurait annulé l'opération. On constituait donc la servitude purement et simplement, puis, à l'acte de constitution était ajouté un pacte, portant que la naissance du droit était reculée jusqu'à l'évènement de telle ou telle condition.

Citons maintenant des exemples de servitudes constituées *sub conditione*, et nous montrerons par là que le droit en lui-même supportait parfaitement la condition suspensive.

En vertu de la maxime, *non expressa non no-*

cent, on pouvait, dans une mancipation, subordonner l'établissement d'une servitude à l'événement d'une condition tacite. C'est à cette idée que se réfère la loi 23, § 1. D. *De servit. præd. urb.* : « Futuro quoque ædificio, quod nondum est, vel imponi vel acquiri servitus potest. » Nous nous trouvons donc en présence d'une servitude établie sous une condition suspensive, qui est la construction d'un édifice. Ajoutons l'espèce prévue par la loi 10 D. *De servit. præd. rustic.* : « Labeo ait, et talem servitutem constitui posse, ut aquam quærere, et inventam ducere liceat. » Ici encore il s'agit d'une servitude constituée sous la condition suspensive : *Si aqua inventa sit.*

Voici un exemple plus frappant. On sait qu'une servitude ne pouvait être établie sur un fonds commun que du consentement de tous les copropriétaires ; c'était une conséquence du principe d'indivisibilité. On admettait toutefois que le droit pouvait être cédé séparément par chacun des copropriétaires, en sorte que la dernière cession confirmait toutes les autres. Tel est le sens du texte suivant, que nous reproduisons tout entier, à cause de son importance : « Receptum est, ut plures domini, et non pariter cedentes, servitutes imponant, vel adquirant : ut tamen ex novissimo actu etiam superiores confirmentur : perindeque sit, atque si eodem tempore omnes cessissent, et ideo, si is, qui primus cessit, vel defunctus sit, vel alio modo partem suam alienaverit, post deinde socius cesserit, nihil agetur : cum enim postremus cedat, non retro adquiri servitus videtur : sed perinde habetur, atque si, cum postremus cedat, omnes cessissent. Igitur rursus hic actus pendebit, donec novus socius cedat. Idem juris est, et si uni ex dominis cedatur, deinde in persona socii aliquid horum acciderit. Ergo et ex diverso, si ei qui non cessit, aliquid tale eorum contigerit, ex integro omnes cedere debebunt (Loi 18. D. *Communia præd.*) » Ainsi la première cession ne vaudra que si une cession pareille émane de chacun des copropriétaires. Qu'est-ce dire, sinon que la servitude a été constituée par le premier cédant, sous cette condition que tous les autres propriétaires céderont à leur tour? Et dès lors, comment soutenir que la constitution d'une servitude ne peut être affectée d'une condition suspensive !

Terminons par un dernier et décisif argument. M. Demangeat prétend que, dans la loi 4, Papinien, en proscrivant la condition suspensive, faisait allusion à l'établissement d'une servitude par legs. Eh bien, nous allons montrer qu'une servitude pouvait, au contraire, être constituée *sub conditione*, par un legs *per vindicationem*, et constituée *ipso jure*. C'est ce qui résulte de la loi 3, D., *De servit. leg.* Le jurisconsulte s'occupe du legs d'une servitude, et, après avoir examiné deux hypothèses dans lesquelles ce legs doit être considéré comme valable, il continue ainsi : « ….Quanquam si sub conditione quis fundum legasset, viam pure, aut pro parte fundum pure, pro parte sub conditione, et viam sine conditione, si pendente ea legati dies cessisset interiturum fore viæ legatum, ut responsum est, quum alteri ex vicinis qui fundum communem habebant, viam sub conditione, alteri pure legasset, et pendente conditione decessisset, quia alterius legatarii persona impedimento esset, quominus solidus fundus cum via vindicaretur.» La solution donnée en dernier lieu est la seule qui nous intéresse. Le jurisconsulte suppose qu'aux deux copropriétaires d'un fonds, une servitudo de *via* est léguée, mais à l'un purement et simplement, à l'autre sous condition. Le testateur décède *pendente conditione*, en sorte que le *dies cedens* du premier legs a lieu, tandis que la condition attachée au second est encore en suspens. Dans ce cas, les deux legs s'évanouissent, car, autrement, la servitude se trouverait constituée, à des époques successives, au profit d'abord de l'un, puis de l'autre des copropriétaires, ce qui est impossible en face du principe de l'indivisibilité du droit.

Nous voyons donc que le legs d'une servitude *sub conditione* produisait les effets habituels d'un legs conditionnel. Remarquons, en effet, que le jurisconsulte parle de ce legs *sub condi-*

tione comme d'une chose absolument usuelle.
Et qu'on ne vienne pas nous dire que le texte se
place au point de vue de la pratique qui, on le
sait, arrivait à faire valoir la condition à l'aide
d'une exception donnée par le préteur. Cette
objection tombe devant ce fait que, dans notre
espèce, l'effet du legs est produit *ipso jure*.
« Dans l'opinion de M. Demangeat, il faudrait
dire que les deux legs faits à chacun des copropriétaires sont l'un et l'autre purs et simples, et
par suite entraînent au même moment l'acquisition de la servitude, sauf à attendre, pour s'en
prévaloir utilement, l'arrivée de la condition.
D'où il résulterait que ces legs seraient valables,
au lieu d'être déclarés nuls; ils ne peuvent être
annulés qu'en admettant que la condition mise à
l'un d'eux suspend *ipso jure* l'ouverture du droit
qu'il a pour objet de conférer» (Bufnoir, *Théorie
de la condition en droit romain*, p. 230). Ce texte
établit donc d'une façon formelle qu'une servitude pouvait être constituée sous une condition
suspensive, quand le procédé employé comportait cette modalité.

Il nous reste à dire quelques mots de ce qu'on
appelle le *modus* dans les servitudes prédiales.
Ce *modus* peut se traduire, littéralement la manière d'user de la servitude; c'est la détermination des faits dont l'accomplissement est autorisé : « Modum adjici servitutibus posse constat,
veluti quo genere vehiculi agatur vel non aga-

tur, veluti ut equo duntaxat, vel ut certum pondus vehatur, vel grex ille transducatur, aut carbo portetur. Intervalla dierum et horarum non ad temporis causam, sed ad modum pertinent jure constitutæ servitutis (L. 4, § 1 et 2, D., *De servit.*) » On voit que le texte a soin de distinguer le terme du *modus*. A l'époque classique, cette distinction avait son importance au point de vue de la *plus petitio*. Ainsi, lorsqu'une servitude était constituée *usque ad certum tempus*, et qu'on venait à intenter une action relativement à cette servitude, il n'était pas nécessaire de mentionner le terme dans l'*intentio* de la formule; au contraire, la mention du *modus* devait y figurer, sous peine d'encourir la *plus petitio* : « Si de altius tollendi aget is qui in infinitum tollendi jus non habet, si non expresserit modum, plus petendo causa cadit, quia intenderit jus sibi esse in infinitum tollere (*Fragm.*, Vat., § 53).

DROIT FRANÇAIS

DE

L'ÉTABLISSEMENT DES SERVITUDES

PAR LE FAIT DE L'HOMME.

INTRODUCTION.

L'art. 637 définit la servitude : une charge imposée sur un héritage pour l'usage ou l'utilité d'un héritage appartenant à un autre propriétaire.

Les servitudes ont, suivant l'art. 639, une triple origine. Elles dérivent ou de la situation naturelle des lieux, ou de la loi, ou des conventions entre les propriétaires. Nous n'avons à nous occuper que de ces dernières, et seulement quant à leur établissement; il en est traité au Code sous la rubrique plus générale et plus exacte de servitudes établies par le fait de l'homme.

Tout propriétaire peut établir sur son fonds, au profit d'un fonds appartenant à un autre propriétaire, tels services que bon lui semble, pourvu que ces services ne présentent rien de contraire à l'ordre public, et qu'ils ne soient ni imposés à la personne, ni créés en faveur de la personne (art. 686). Cette dernière prohibition est une conséquence nécessaire de la définition donnée par l'art. 637. Il faut bien remarquer qu'elle n'a point pour objet de proscrire indistinctement toute charge, qui serait imposée à une personne en faveur d'un fonds, ou à un fonds en faveur d'une personne. De telles obligations, de telles charges peuvent exister, mais ce que l'article veut dire, c'est qu'aucune convention ne saurait leur imprimer le caractère de servitudes, de services fonciers. Elles se manifesteront comme simples obligations personnelles et avec toutes les différences qui séparent les droits de créance des droits réels.

Une servitude suppose essentiellement deux héritages qui n'appartiennent pas au même maître : *nulli res sua servit.* Il en résulte que la charge établie par un propriétaire entre les deux parties d'un même fonds ne constitue pas une servitude. Il en résulte aussi que lorsque deux fonds, dont l'un est assujetti à l'autre, viennent à se réunir dans la main, la servitude s'éteint par confusion. Les deux héritages, sujets actif et passif du droit réel, doivent être assez voisins pour que ce droit puisse s'établir avec quelque utilité pour l'un d'eux, mais il n'est nullement nécessaire qu'ils soient contigus. Quant à la perpétuité de la cause que le droit romain rangeait parmi les caractères essentiels des servitudes, il n'en est point fait mention au Code ; cette condition a toujours été étrangère à nos usages.

Qualités actives ou passives des fonds, les servitudes les suivent en quelques mains qu'ils passent, sans qu'il soit besoin de conventions spéciales, et elles ne peuvent être ni aliénées ni louées séparément de l'héritage auquel elles sont attachées. Elles sont perpétuelles comme la propriété elle-même, dont elles sont des démembrements. Cette perpétuité est d'ailleurs de leur nature et non de leur essence ; rien n'empêche les parties de limiter leur durée. Elles sont indivisibles en ce sens qu'elles ne peuvent s'acquérir ni se perdre par quote-parts idéales (Aubry et Rau, t. 3, p. 64) ; en ce sens encore qu'elles sont dues activement à tout le fonds dominant et à chacune de ses parties, passivement par tout le fonds servant et par chacune de ses parties. Les art. 700, 709, 710, sont des applications de ce principe essentiel. Mais ces droits réels restent divisibles quant au temps, au lieu, au mode de leur exercice, et, sous ce rapport, ils peuvent toujours être restreints ou modifiés.

Les servitudes se divisent en urbaines et rurales, continues et discontinues, apparentes et non apparentes.

Aux termes de l'art. 687, elles peuvent être établies ou pour l'usage des bâtiments, ou pour celui des fonds de terre. Celles de la première espèce s'appellent urbaines, que les bâtiments auxquels elles sont dues soient situés à la ville ou à la campagne. Celles de la seconde espèce se nomment rurales. Cette division, importante en droit romain, est dans notre législation dépourvue de toute utilité pratique; elle n'a été introduite dans le Code que sous l'empire de la tradition.

Les servitudes continues sont celles dont l'usage est ou peut être continuel, sans avoir besoin du fait actuel de l'homme : tels sont les conduites d'eau, les égouts, les vues et autres de cette espèce. Les servitudes discontinues sont celles qui ont besoin du fait actuel de l'homme pour être exercées : tels sont les droits de passage, puisage, pacage et autres semblables (article 688). Ainsi l'absence ou la nécessité du fait actuel de l'homme, voilà, dans notre droit, le signe distinctif de la continuité ou de la discontinuité.

L'art. 689 définit les servitudes apparentes : celles qui s'annoncent par des ouvrages extérieurs, tels qu'une porte, une fenêtre, un aqueduc; les servitudes non apparentes sont celles qui n'ont point de signes extérieurs de leur exis-

tence, comme, par exemple, la prohibition de
bâtir sur un fonds ou de ne bâtir qu'à une hauteur déterminée. Il importe de distinguer l'apparence de la continuité. On a enseigné qu'une
servitude devenait continue par ce fait seul
qu'elle était apparente : telle une servitude de
passage qui s'annoncerait par une porte ou un
chemin frayé. Cette opinion est contredite par
le texte, soit de l'article 688, qui range le passage parmi les servitudes discontinues, soit de
l'article 689, qui ne mentionne la porte que
comme un signe d'apparence; elle est, de plus,
contraire au principe même de notre distinction, puisqu'un droit de passage, quelle que soit
son apparence, n'en exige pas moins, pour son
exercice, le fait actuel de l'homme. La division
des servitudes en continues et discontinues,
apparentes et non apparentes, joue un rôle im-
portant dans la théorie de leur établissement.
Nous y reviendrons donc souvent.

On peut encore diviser les servitudes en positives et négatives, suivant qu'elles autorisent le
propriétaire du fonds dominant à agir matériel-
lement sur le fonds servant, ou qu'elles contrai-
gnent le maître de l'héritage servant à s'abstenir
de certains actes, comme de bâtir, de planter.
Cette décision, qui avait son importance en droit
romain et dans notre ancienne législation, n'est
plus aujourd'hui que de pure doctrine.

Les servitudes s'établissent par titre, par la

prescription, par la destination du père de famille. Ainsi, de même que dans notre droit, la propriété se transfère par le seul effet du consentement, le consentement seul suffit aussi à la constitution d'une servitude. Nous savons qu'en droit romain il fallait, de plus, un fait postérieur, mancipation ou *in jure cessio* à l'origine, quasi-tradition dans le droit prétorien et sous Justinien. Tel est le trait caractéristique des deux législations.

Titre, prescription, destination du père de famille, ce sont là trois manifestations différentes de la volonté de l'homme, qui, expresse dans l'hypothèse du titre, est présumée ou sous-entendue dans la prescription et la destination du père de famille. Nous allons les étudier successivement, et nous présenterons ainsi la théorie complète de l'établissement des servitudes.

CHAPITRE PREMIER.

DE L'ÉTABLISSEMENT DES SERVITUDES PAR TITRE.

I. D'après l'art. 690, « les servitudes continues et apparentes s'acquièrent par titre, » et d'après l'art. 691, les servitudes continues non apparentes et les servitudes discontinues apparentes ou non apparentes, ne peuvent s'établir que par titre.

Ce mot *titre* a, dans la langue du Code, une double signification. Tantôt il exprime la cause efficiente d'un droit, le fait juridique qui lui donne naissance; tantôt, dans une acception moins générale et beaucoup plus usitée en pratique, il signifie l'acte écrit, l'*instrumentum* destiné à constater le droit lui-même, à lui servir de preuve. Ce second sens se retrouve dans l'article 695, où l'expression « titre constitutif de la servitude, » opposée à celle de «titre récognitif, » n'a trait évidemment qu'à une question de preuve. Mais, lorsque, dans les art. 690 et 691 précités, le législateur nous dit que les servitudes se constituent *par titre*, il emploie ce mot dans son acception scientifique, et désigne par là tout fait juridique, principe générateur de la servitude, c'est-à-dire soit un contrat intéressé, vente, échange, partage, soit une libéralité, donation ou testament.

Cette interprétation, admise par la jurisprudence et par la presque unanimité des auteurs, a été contestée par Pardessus, qui, dans son *Traité des servitudes*, a enseigné que, *par ce mot titre, il faut entendre tous documents écrits propres à constater l'établissement des servitudes* (t. 2, nos 242-243). Autrement dit, la servitude, hors les cas de prescription et de destination du père de famille, ne pourrait être établie que par écrit. Cette opinion se réfute aisément. Il est évident que, si la servitude procède d'un fait juridique dont l'existence nécessite l'intervention d'un acte authentique ou sous seing-privé, elle ne pourra, dans cette hypothèse, être constituée que par écrit. Telle une servitude qui a été l'objet d'une libéralité, se produisant sous la forme des actes, soit entre-vifs, soit testamentaires. La donation et le testament sont des contrats solennels, et, s'ils sont nuls pour défaut de formes, le droit qu'ils ont pour mission de créer ne peut exister. Mais exiger l'intervention d'un écrit pour l'établissement de services fonciers, par vente ou partage, c'est se mettre en contradiction avec l'art. 1583, d'après lequel la vente est parfaite et produit tous ses effets entre les parties contractantes, par cela seul qu'il y a consentement sur la chose et le prix, c'est, en réalité, faire de la constitution des servitudes un contrat solennel. L'écrit, dans les contrats à titre onéreux, n'a sa raison d'être que comme preuve. Tel est le principe général, et on ne peut soutenir que les art. 690-691 y dérogent, puisque le mot *titre* peut être entendu dans un double sens. Et, s'il faut recourir à l'esprit de la loi, à des motifs tirés de la nature des servitudes, en adoptant l'opinion de Pardessus, on se trouverait en présence de cette anomalie singulière, qu'un immeuble, valant 100,000 francs, pourrait être vendu par contrat verbal, tandis qu'une servitude valant 500 francs ne pourrait être établie verbalement.

La vérité est que les servitudes, démembrements de la propriété, ne sauraient être régies, en ce qui concerne leur aliénation, que par le droit commun. Elles peuvent donc être constituées par donation ou testament, suivant les formes requises et par contrat à titre onéreux, sans acte écrit et verbalement. Sans doute, si l'existence du contrat à titre onéreux vient à être déniée, la preuve en sera difficile, puisque les articles 1341 et 1353 excluront le plus souvent la production des témoins ; mais les parties pourront toujours recourir aux autres modes de preuve du droit commun, qui résultent soit de la délation du serment, soit de l'aveu de la partie ou de l'interrogatoire sur faits et articles, soit même de la production des témoins, s'il y avait commencement de preuve par écrit ou disparition du titre par force majeure. (Art. 1347-1348. Bourges, 7 janvier 1829. Cass., 16 nov. 1820. Cass., 16 décembre 1863).

Les jugements ne doivent pas être considérés comme des titres constitutifs, car ils ont une fonction purement déclarative. Lorsque les juges décident que telle servitude appartient à tel fonds, ils ne créent pas le droit, mais reconnaissent son existence. Cependant, Pardessus admet que les jugements créent et constituent quelquefois des servitudes, qui n'existaient point encore. Tels sont les cas où un partage est fait en justice, soit entre des cohéritiers, soit entre des copropriétaires; où, par suite, soit d'une licitation, soit d'une expropriation forcée, un ou plusieurs corps de domaine sont vendus par lots, dont les uns sont grevés envers les autres (*loc. cit.*, n° 273). D'après cet auteur, le tribunal homologuant le travail préalable des experts qui ont déterminé la composition des lots, qui en ont assujetti quelques-uns aux autres, donne une sanction à ce qui n'avait d'abord été qu'une proposition dans le projet de lotissement, et constitue ainsi réellement des servitudes. Mais il est plus vrai de dire que, même dans ce cas, l'établissement est purement conventionnel, et que les jugements, dont il s'agit sont des contrats judiciaires, dans lesquels le tribunal ne fait que sanctionner la volonté des parties. De même, les servitudes exprimées dans les clauses du cahier des charges d'une adjudication sur licitation ou expropriation, naissent du double consentement du vendeur qui les impose et de l'adjudicataire qui les accepte et non de la volonté du juge.

Le titre constitutif doit émaner de celui qui a le droit d'établir la servitude, c'est-à-dire, du propriétaire du fonds servant. Dans nos anciennes coutumes, une exception à cette règle résultait de la maxime *in antiquis enunciativa probant.* Pothier nous renseigne d'une façon précise sur

sa véritable portée : « Quoique le long usage
« n'attribue pas droit de servitude, néanmoins,
« si me maison a depuis très-longtemps une vue
« sur la maison voisine, et que dans les anciens
« contrats d'acquisition qu'en ont fait mes au-
« teurs, il soit énoncé qu'elle a ce droit de vue,
« ces anciens contrats, soutenus de ma posses-
« sion, feront foi du droit de vue contre le pro-
« priétaire de la maison voisine, quoiqu'il soit
« un tiers et que ses auteurs n'aient jamais été
« partie dans le contrat. » (*Traité des obligations*,
n° 740). Ainsi, pour que ces énonciations fissent
foi contre le tiers qui n'avait pas été partie au
contrat, il fallait qu'elles fussent corroborées par
une possession ancienne, c'est-à-dire, de plus
de 40 ans. Cette solution peut-elle encore être
donnée dans notre droit nouveau ? La question,
sans intérêt, en ce qui concerne les servitudes
continues et apparentes, puisqu'une possession
de 30 ans conduit à leur acquisition, est fort importante à l'égard des servitudes discontinues
apparentes ou non apparentes, exclusives de la
prescription. Mais il est évident que l'ancienne
maxime *in antiquis enunciativa probant*, ne saurait
leur être appliquée. D'après l'art. 1320, les
énonciations qui se trouvent dans un acte, ne
faisant foi qu'entre les parties, ne peuvent jamais
être invoquées contre un tiers. De plus, l'article 695 dispose formellement que le titre récognitif des servitudes, qui ne sont pas suscepti-

bles de s'acquérir par prescription, doit émaner du propriétaire du fonds servant; il n'en peut être autrement du titre constitutif. Ajoutons, enfin, avec M. Demolombe (t. 12, p. 247), que la maxime *in antiquis* ne constituait, dans l'ancien droit, qu'une simple présomption, et que les juges ne peuvent aujourd'hui admettre les présomptions, que dans les cas où la loi admet la preuve testimoniale. Ainsi donc, l'acte dans lequel deux parties énonceraient que le fonds d'un des contractants jouit d'un droit de servitude sur la propriété d'autrui, ne produirait point les effets d'un titre, qu'elle qu'en fût l'ancienneté. Conformément à cette idée, il a été jugé que l'énonciation d'un droit de puisage, inséré dans un acte de partage émané d'un des auteurs de celui qui réclame cette servitude, ne peut-être opposé comme titre au propriétaire du fonds qui la conteste, et à l'égard duquel cet acte de partage est absolument étranger.

Nos anciennes coutumes exigeaient que les servitudes fussent décrites d'une façon complète et détaillée, dans le titre même de constitution. La coutume d'Orléans s'exprimait ainsi dans son art. 227 : « Il les faut nommément et spécialement déclarer tant pour l'endroit, grandeur, hauteur, mesure, que espèce de servitude et par écrit; autrement toutes constitutions générales de servitudes se valent. » C'était une application exagérée de la règle romaine : *species servitutis exprimenda est.* Notre Code n'a pas reproduit cette disposition rigoureuse, et s'il est prudent, pour éviter les procès, de décrire soigneusement la servitude qu'il s'agit d'établir, il suffit pour la validité de la convention que le droit puisse être déterminé, conformément au principe de l'art. 1129. L'interprétation du titre, d'après la volonté présumée des parties, comblera les lacunes de sa rédaction. Mais une servitude ne se suppose pas et doit être formellement stipulée, à moins qu'elle ne puisse être considérée comme l'accessoire indispensable d'une disposition. Ce n'est pas à dire que la constitution doive être faite en termes sacramentels; elle peut au contraire résulter de la combinaison des clauses d'un ou plusieurs actes. C'est ainsi qu'il a été jugé que, bien que les servitudes discontinues apparentes ou non apparentes s'établissent seulement par titre, cependant l'arrêt qui, en l'absence de titres formels, à l'appui d'une servitude de cette nature, a induit son existence des dispositions combinées de plusieurs actes successifs et de l'état des lieux, n'a pas violé la loi. (Cass., 26 février 1829.)

Aux termes de l'art. 695 : « Le titre constitutif de la servitude, à l'égard de celles qui ne peuvent s'acquérir par la prescription, ne peut être remplacé que par un titre récognitif de la servitude, et émané du propriétaire du fonds asservi. » La rédaction de cet article est mauvaise à un double point de vue. Et d'abord, si l'on s'en tient à sa lettre même, il semble que ces mots : *à l'égard de celles qui ne peuvent s'acquérir par prescription*, entraînent, par *a contrario*, cette conséquence, que le titre constitutif des servitudes continues et apparentes, susceptibles comme telles de s'acquérir par prescription, peut être remplacé par un autre titre qu'un titre récognitif et émané d'un autre que du propriétaire de l'héritage assujetti. Conséquence évidemment fausse, car tout acte qui en remplace un autre est sûrement un acte récognitif et doit nécessairement émaner de la partie intéressée. Un titre récognitif n'a d'ailleurs rien de commun avec la nature des servitudes. Qu'elles soient continues ou discontinues, apparentes ou non, l'acte qui les reconnaît a toujours le même caractère. Si le législateur a semblé les mettre en opposition, c'est qu'il a été dominé par cette idée que les servitudes prescriptibles peuvent être établies non-seulement par un titre primordial ou récognitif, mais encore par une possession de trente ans, constatée par témoins, tandis qu'il faut un titre récognitif pour établir l'existence d'une servitude non prescriptible, dont le titre primordial a disparu.

Est-ce à dire pour cela qu'il ne puisse être justifié de la constitution d'une telle servitude par les autres modes de preuve du droit commun? C'est la seconde conséquence qui semble résulter du texte de notre article et la seconde inexactitude qui découle de sa rédaction. Il est évident au contraire que les services fonciers, dont il s'agit, peuvent être établis par l'aveu de la partie, le serment ou la preuve testimoniale, dans les cas où la loi la déclare admissible. Remarquons seulement que ces modes de preuve ne seront jamais invoqués qu'exceptionnellement, surtout la preuve testimoniale, car la valeur du litige suscité par une servitude dépasse d'ordinaire 150 fr. Aussi les servitudes, qui ne s'acquièrent point par prescription, seront-elles généralement constatées par des actes écrits; c'est tout ce qu'a voulu dire le législateur dans l'art. 695.

L'acte récognitif n'est que la reconnaissance d'une servitude déjà existante, en un mot un simple aveu. Nous lui appliquerons donc les règles du droit commun relatives à l'aveu. Ainsi, en supposant que cette reconnaissance ait été insérée dans un acte juridique plus tard révoqué ou annulé, elle n'en restera pas moins acquise au propriétaire du fonds dominant. Par exemple, des héritiers bénéficiaires vendant un immeuble en justice, reconnaissent dans le cahier des charges l'existence d'une servitude sur cet immeuble. L'adjudication est résolue pour défaut de contenance, et on procède à une seconde vente aux enchères. Dans le second cahier des charges, il se trouvait également une

clause concernant la servitude, mais moins ex-
plicite que la première. Il a été jugé que la reconnaissance faite lors de la première adjudication subsistait, malgré la résolution de la vente;
cette résolution étant tout à fait étrangère à
l'aveu consigné dans le cahier. (Arrêt de la Cour
de la Réunion du 30 mars 1853, confirmé par
un arrêt de rejet du 4 décembre 1861.) Cet acte
récognitif doit émaner du propriétaire du fonds
assujetti, mais il n'est pas besoin que le propriétaire du fonds dominant y ait été partie. Il ne
s'agit pas de constituer la servitude par un contrat, qui nécessite le concours de deux volontés,
mais de la reconnaître par un aveu, acte essentiellement unilatéral. L'aveu n'a généralement
pas besoin d'être accepté, car il n'est que la déclaration d'un fait, et d'ailleurs le créancier peut
à bon droit être réputé l'avoir accepté d'avance.

On s'est demandé s'il fallait appliquer en notre
matière la règle de l'art. 1327, suivant laquelle
les actes récognitifs ne dispensent point de la
représentation du titre primordial, à moins que
sa teneur n'y soit spécialement relatée. Il est
certain que les servitudes sont en principe soumises aux règles du droit commun établies au
titre des obligations; nous l'avons vu, pour ce
qui concernait la preuve de ces droits réels.
Mais encore faut-il que ces règles ainsi générali-
sées conservent leur raison d'être, sinon leur
extension ne se comprend plus. Or, la disposi-

tion de l'art. 1337 nous semble tout à fait spéciale. L'acte récognitif d'un droit de créance, d'une rente par exemple, a le plus souvent pour but d'interrompre la prescription et se délivre alors même que le titre primordial existe encore. Aussi le législateur ne l'admet-il à remplacer le titre primordial que s'il en relate la teneur. Au contraire, l'acte récognitif d'un droit de servitude est destiné à remplacer le titre constitutif. C'est donc se conformer aux intentions des parties, que de lui attribuer cet effet, sans se préoccuper des exigences peu justifiables d'ailleurs de l'art. 1337. Ajoutons que dans notre ancien droit la simple reconaissance d'une servitude, dans un acte quelconque, suffisait pour constituer valablement un acte récognitif. (Comp. Pothier. Introduction au titre XIII de la coutume d'Orléans n° 12). Les rédacteurs de l'art. 695 n'ont pas entendu exiger davantage.

Nous ne généraliserons pas non plus l'article 2263, aux termes duquel, « après 28 ans de la date du dernier titre, le débiteur d'une rente peut être contraint à fournir à ses frais un titre nouvel à ses créanciers, ou à ses ayants-cause. » Nous dénierons donc au propriétaire du fonds dominant le droit d'exiger tous les 28 ans un titre nouvel, aux frais du propriétaire du fonds servant, et cela parce que les motifs qui justifient l'art. 2263, ne se retrouvent plus dans notre espèce. Le créancier d'une rente court le risque de perdre son droit par prescription, quand même il en aurait touché les arrérages depuis moins de trente ans, puisque les quittances restent aux mains du débiteur et qu'il n'est d'usage ni de payer par acte authentique, ni de retirer des contre-quittances. Voilà pourquoi l'art. 2263 donne à ce créancier le droit d'exiger au bout de 28 ans et aux frais du débiteur, l'acte récognitif, qui empêchera celui-ci d'invoquer la prescription. Il n'en peut être de même en matière de servitudes. Le propriétaire du fonds dominant qui n'a pas cessé d'exercer son droit, n'a absolument rien à craindre. Il en établira l'existence en produisant son titre constitutif, et, prouvant par témoins ses actes d'exercice, il démontrera ainsi que l'extinction par non-usage ne peut lui être opposée. Le titre récognitif ne lui sera nécessaire, que s'il a négligé d'user de la servitude. Aussi Pothier, dans son commentaire sur la coutume d'Orléans, T. XIII, n° 18, faisait-il remarquer que « le titre récognitif tient lieu d'usage et empêche la prescription de courir. Il est très utile, ajoutait-il, de faire passer ces reconnaissances, pour prévenir le cas auquel le fait de l'usage de la servitude pourrait être contesté. » L'art. 2263 ne s'applique donc pas en notre matière. Le propriétaire du fonds dominant peut sans doute réclamer un acte récognitif, mais il doit en supporter les frais.

Quel est l'effet du titre constitutif à l'égad des

tiers? Sous l'empire du Code, pour qu'une servitude fût opposable au tiers acquéreur de l'immeuble, il suffisait, conformément au droit commun, que l'acte qui la constatait, eût antérieurement au contrat d'acquisition, reçu date certaine par un des moyens indiqués dans l'art. 1328. C'était vrai pour les servitudes constituées soit à titre onéreux, soit même à titre gratuit, puisque l'art. 939 n'assujettissait à la transcription que les donations de biens susceptibles d'hypothèques et que les servitudes ne peuvent être hypothéquées. Il n'en est plus ainsi depuis la loi du 23 mars 1855, qui a assimilé, au point de vue de la transcription, la constitution des servitudes et la translation de la propriété.

Article 2 : « Sont également transcrits :

« 1° Tout acte (entre-vifs) constitutif d'antichrèse, de servitude, d'usage et d'habitation ;

« 2° Tout acte portant renonciation à ces mêmes droits ;

« 3° Tout jugement, qui en déclare l'existence en vertu d'une convention verbale. »

La servitude n'existera donc, à l'égard des tiers ayant acquis et dûment conservé des droits sur l'héritage servant, qu'autant que l'acte constitutif aura été rendu public par la voie de la transcription, et à partir seulement de l'accomplissement de cette formalité.

Les termes de l'art. 2 ne nous permettent pas de distinguer entre les servitudes apparentes ou

non, bien que l'utilité de la transcription se révèle moins nettement, dans l'hypothèse de servitudes apparentes. En effet, ces servitudes ma-
nifestées extérieurement, portent en elles-mêmes les éléments d'une publicité évidente, et le
Code lui-même les répute connues des ache-
teurs, puisque la garantie dont est tenu le vendeur n'embrasse que les charges non apparentes
du bien vendu. Mais le législateur de 1855 a
probablement reculé devant les embarras de
distinctions et de divisions qu'il était difficile de
formuler d'une manière précise. Il a pensé surtout que les signes matériels, révélateurs d'une
servitude apparente, peuvent souvent échapper
à un acheteur peu attentif; ou bien cet acheteur
n'a peut-être vu dans l'état des lieux qu'une
pure tolérance du propriétaire. Ces incertitudes
seront dissipées par l'application de la transcription aux servitudes même apparentes, et, en
consultant le registre des transcriptions, on aura désormais des données précises sur la condition des immeubles vendus.

Les donations de servitude doivent être transcrites. Elles rentrent, en effet, dans les termes
généraux de l'art. 2 de la loi de 1855 : « Tout
acte constitutif d'antichrèse, de servitude. » On a
objecté que la loi nouvelle n'a rien innové en ce
qui concerne la transcription des donations : « I
n'est point dérogé, dit l'art. 11, aux dispositions
« du Code civil relatives à la transcription des

« actes portant donation, ou contenant des dis-
« positions à charge de rendre; elles continuent
« à recevoir leur exécution. » Mais il n'a pu entrer dans la pensée du législateur d'affranchir de
la transcription les servitudes constituées à titre
gratuit, tandis qu'il y soumettait celles émanées
d'un titre onéreux. Une pareille distinction n'a-
vait aucune raison d'être, alors surtout qu'on
discutait déjà, bien qu'à tort, suivant nous, la
question de savoir si les donations de servitudes
ne devaient pas être transcrites sous l'empire du
Code civil. La loi de 1855 renferme deux parties
bien distinctes. Dans l'une, le législateur indiqué les actes qui seront désormais assujettis à la
transcription; dans l'autre, il détermine la sanction attachée aux dispositions nouvelles. Le § 4
de l'art. 11 n'a trait absolument qu'à cette sanction, et signifie seulement qu'il n'est pas dérogé
au Code civil, en ce qui concerne les tiers admis
à se prévaloir du défaut de transcription des
donations.

II. Examinons maintenant qui peut constituer
une servitude. Pour constituer une servitude, il
faut être propriétaire du fonds, sujet passif du
droit réel. Le constituant doit, de plus avoir la
capacité d'aliéner à titre onéreux ou à titre gratuit, suivant le caractère de l'établissement.
Toutes les hypothèses que nous allons examiner
sont des applications de ces deux idées. C'est
que les services fonciers, démembrements de la

propriété, sont de véritables immeubles par l'objet auquel ils s'appliquent, et dès lors leur établissement nécessite les mêmes conditions de validité que l'aliénation d'un immeuble. Aussi l'art. 686 pose-t-il tout d'abord le principe, qu'il n'est permis qu'aux propriétaires d'établir des servitudes et sur leur propriété seulement.

De ce qu'il faut être propriétaire, il suit qu'un possesseur, même de bonne foi, ne saurait constituer valablement une servitude. Le véritable propriétaire, en rentrant en possession de son immeuble, le reprendra libre de toutes les charges établies par le possesseur; celui-ci n'a pu donner des droits sur une chose qui ne lui appartenait pas. L'acquéreur de la servitude n'aura qu'un recours en dommages-intérêts contre son vendeur, conformément à l'art. 1599, car il devra s'imputer de n'avoir point connu la qualité de celui avec qui il traitait. Mais si le possesseur de l'immeuble en acquiert la propriété par contrat ou par prescription, il devra respecter les assujettissements qu'il a consentis, sans pouvoir se fonder, pour les méconnaître, sur ce qu'il n'était pas propriétaire au moment de leur établissement. Que, s'il renonce à la prescription accomplie et rend l'immeuble à son propriétaire, le concessionnaire de la servitude n'en demeurera pas moins maître de son droit et libre d'invoquer la prescription du chef du concédant, en vertu du principe qu'on ne peut renoncer, au préjudice

de ses créanciers, à une proscription acquise
(art. 2225).

La question est plus délicate, lorsque la servitude est constituée par un héritier apparent. Ici,
on ne peut reprocher au titulaire du droit de
n'avoir point vérifié les titres du possesseur,
puisque ces titres existaient, connus de tous, et
qu'ils donnaient au contrat toutes les apparences
de la légitimité. Ce point de droit rentre dans la
question si débattue de la validité ou de l'invali-
dité des actes de l'héritier apparent. Nous croyons
avec la jurisprudence, que ces actes doivent être
respectés et que la servitude, dans cette hypothèse, sera valablement constituée.

L'usufruitier d'un fonds n'a évidemment pas
qualité pour établir une servitude sur ce fonds.
Il n'en a que la jouissance et la constitution d'un
droit réel rentrerait non dans l'*usus*, mais dans
l'*abusus*. Cependant la plupart des auteurs lui reconnaissent le pouvoir de constituer des servitudes, pourvu qu'elles n'entraînent aucun changement dans la destination de l'immeuble et
qu'elles cessent avec la jouissance du concédant.
Mais nous ne saurions considérer de telles concessions, comme de véritables servitudes. Le
principe absolu est que l'usufruitier ne peut en
aucune façon disposer ni de la propriété, ni de
ses démembrements, et s'il a permis à un tiers
de passer sur le fonds, d'y puiser de l'eau, nous
ne pouvons voir dans le droit du concession-

naire qu'un droit de créance et dans l'obligation
du concédant qu'une obligation personnelle. Si
donc l'usufruitier aliène son usufruit, après l'é-
tablissement d'une charge limitée à la durée de
cet usufruit, l'acquéreur ne sera nullement tenu
de la respecter, ainsi qu'il le devrait, si cette
charge revêtait les caractères d'un droit réel.

Le nu-propriétaire peut consentir des servitudes, pourvu que celles-ci ne portent point
obstacle à la jouissance de l'usufruitier; ainsi
rien ne s'oppose à ce qu'il prenne l'engagement
de ne point bâtir, ou de ne point construire au
delà de telle hauteur. Il est d'ailleurs évident que
ce nu-propriétaire peut, d'accord avec l'usufruitier, établir sur sa propriété telle servitude que
bon lui semble. La solution contraire, admise en
droit romain, était due à de pures subtilités,
qu'on ne concevrait plus aujourd'hui.

Le grevé de substitution a pouvoir de constituer une servitude, sur les biens qu'il est chargé
de conserver et de rendre. C'est en effet un propriétaire sous condition résolutoire. Sans doute
les servitudes qu'il a consenties s'évanouiront
avec son droit, mais elles subsisteront si ce droit
se consolide, si la vocation des appelés devient
caduque par suite de leur prédécès. Disons même
d'une façon générale, que tout propriétaire sous
condition soit suspensive, soit résolutoire, dont
la propriété est résoluble ou sujette à rescision,
peut grever le fonds de charges qui, conformé-

ment au principe *resoluto jure dantis resolvitur jus accipientis*, seront subordonnées aux mêmes conditions ou à la même résolution que la propriété elle-même.

Lorsqu'un fonds est commun, les services fonciers établis par un des copropriétaires, même au profit d'un fonds qui lui appartiendrait, ne peuvent être exercés tant que durera l'indivision. Le constituant n'a pu en effet conférer des droits sur les parts qui ne lui appartenaient pas et les servitudes étant indivisibles, on ne peut concevoir leur exercice sur une portion indivise d'un héritage. Pour que la constitution ait son effet, il faut que tous les copropriétaires y adhèrent en consentant à l'établissement. Peu importe d'ailleurs que ce consentement soit simultané, ou qu'il résulte d'actes successifs. Le constituant peut même s'engager à l'obtenir et il sera condamné à des dommages-intérêts, s'il manque à sa promesse. Ajoutons, qu'avant même tout acquiescement de la part de ses copropriétaires, il n'a pas qualité pour s'opposer personnellement à l'exercice de la servitude.

Le droit, dont la constitution n'a pas été ratifiée, aura son plein effet si le constituant, par suite de la licitation ou du partage, devient maître de l'immeuble entier ou d'une partie sur laquelle ce droit puisse s'exercer. On voit donc qu'en réalité une servitude peut être valablement établie sur un fonds commun, par un seul des copropriétaires, mais seulement que son exercice est suspendu durant l'indivision. Elle peut être valablement établie, parce que le partage est déclaratif de propriété et que chacun des copartageants est réputé avoir toujours été maître du lot, qui lui est attribué (art. 884). La constitution a donc émané d'un propriétaire et elle a été affectée de cette condition tacite que, par l'effet du partage, le constituant deviendrait maître de la partie du fonds, nécessaire à l'exercice de la servitude. Remarquons toutefois, que si ce constituant avait dissimulé sa copropriété, s'il avait simplement vendu telle servitude sur tel fonds, sans faire connaître l'obstacle que sa qualité de copropriétaire apportait à une jouissance immédiate, il serait évidemment passible de dommages-intérêts, vis-à-vis de son acheteur. En tout état de cause celui-ci peut, sur le refus de son vendeur, provoquer le partage conformément au principe de l'article 1166, puisque c'est là le seul moyen d'amener l'exécution du contrat. Si par suite de la licitation ou du partage, l'immeuble entier passe aux mains d'un tiers, ou bien si l'exercice n'est point possible sur le lot qui vient à échoir au concédant, l'acheteur n'aura droit à garantie, que si son vendeur s'est formellement engagé à lui procurer la jouissance du droit. Il n'a pu en effet ignorer la condition dont le hasard d'une licitation ou d'un partage affectait nécessairement la servitude, et le vendeur n'a pu s'engager que pour le cas où l'événement ne rendrait pas impossible l'exécution de la convention. L'acheteur pourra d'ailleurs, conformément à l'art. 882, intervenir au partage pour empêcher qu'il ne soit fait en fraude de ses droits et l'attaquer s'il y a été procédé sans lui, au mépris de son opposition.

Ces solutions sont également applicables à l'hypothèse d'une servitude établie sur une part indivise. L'usage en est de même suspendu tant que dure l'indivision. Si, par suite de la licitation, le constituant devient propriétaire de l'immeuble entier, la question de savoir si la servitude consentie sur sa part portera sur la totalité de l'immeuble est une pure question de fait. On devra s'attacher, pour la résoudre, aux termes de l'acte, à l'intention des parties et surtout à la nature de l'assujettissement. S'il est divisible dans son exercice, comme un droit de pâturage, par exemple, on supposera facilement que le constituant n'a entendu grever que sa part, et l'exercice devra être restreint à cette part. Mais tout ce que nous venons de dire est étranger au cas où plusieurs étages d'une maison appartiendraient à divers propriétaires. Ici il n'y a pas indivision et la part de chacun, comme l'a dit Ulpien, *non est pars fundi sed fundus*. Chacun peut donc établir sur sa part tels services que bon lui semble, pourvu que leur exercice ne soit

point susceptible de nuire aux droits des propriétaires des autres portions.

Une servitude peut être constituée sur un
fonds dont on se propose de faire l'acquisition;
la constitution est alors conditionnelle. Au premier abord, cette condition semble potestative,
puisque le concédant reste libre d'acheter ou de
ne pas acheter, ce qui entraînerait application
de l'article 1174, d'après lequel toute obligation
est nulle, lorsqu'elle est contractée sous une
condition potestative de la part de celui qui s'o-
blige. Mais on peut répondre d'une façon décisive que si le promettant est libre d'acheter, il
n'est pas libre, s'il achète, de ne point établir la
servitude qui existera ainsi malgré lui; il est
donc lié, et partant la condition n'est pas potestative.

La constitution peut émaner du représentant
du propriétaire, représentant soit légal, soit conventionnel; mais elle est évidemment en dehors
des attributions des simples administrateurs
dont parle l'art. 1988, ainsi que de l'envoyé en
possession provisoire, à l'égard des biens de
l'absent. (art. 128).

Le mari peut consentir seul des servitudes sur
les immeubles de la communauté, s'il le fait à
titre onéreux. L'établissement à titre gratuit
lui est interdit, puisque l'art. 1421 lui défend de
disposer par donation des biens communs, si ce
n'est en faveur des enfan... ...us du mariage. La

validité de la concession gratuite resterait subordonnée à la répudiation de la communauté par la femme, ou à la circonstance que l'immeuble grevé serait attribué au mari lors du partage; d'ailleurs tant que durerait la communauté, la femme, étrangère à son administration, n'aurait point qualité pour s'opposer à l'exercice du droit consenti. Si le mari lègue une servitude sur un fonds commun, le legs ne vaudra que si le fonds assujetti tombe au lot de ses héritiers, sinon ceux-ci devront indemniser le légataire, en prélevant la valeur de la servitude sur la part du défunt dans la communauté, ou même sur ses biens personnels, conformément à l'art. 1423. Le mari ne peut grever les biens propres de la femme ; il n'en est que l'usufruitier, et nous appliquerons ici les règles posées plus haut. Sous le régime dotal une servitude ne peut être constituée sur les biens dotaux, même avec le consentement de la femme, que suivant les formes et dans les cas prévus par les art. 1555 et suivants. Quant aux biens paraphernaux, ils sont aliénables et peuvent dès lors être grevés, mais par la femme seule, puisque le mari n'en est même pas usufruitier.

Nous avons dit que pour constituer une servitude il fallait avoir la capacité d'aliéner l'immeuble sur lequel elle doit porter. Remarquons que la capacité d'aliéner, et par suite d'établir une servitude, ne cadre point exactement avec

la capacité de contracter dont parle l'art. 1124.
Ainsi les mineurs, les femmes mariées, incapables de contracter aux termes de l'art. 1124, peuvent valablement établir une servitude par legs (art. 226 et 904). Mais nous pouvons appliquer cet article 1124 à la constitution entre vifs, dont seront incapables les mineurs, les femmes mariées, sans l'autorisation de leur mari. Si une servitude est consentie par un de ces incapables, les effets de l'acte seront régis suivant les principes du droit commun, c'est-à-dire que la nullité ne pourra être opposée à l'incapable, tandis que celui-ci restera toujours maître de l'invoquer.

Il va de soi que les tuteurs et curateurs ne pourront grever les fonds soumis à leur administration qu'en se soumettant aux formalités dont le législateur a entouré l'aliénation des immeubles.

Rien ne s'oppose à ce qu'un propriétaire qui a constitué des servitudes sur son fonds n'en établisse de nouvelles semblables ou non à celles qui existaient déjà. Il faut seulement observer que les nouveaux droits ne doivent en aucune façon nuire à l'exercice de ceux antérieurement consentis. En effet, aux termes de l'art. 701, le propriétaire du fonds débiteur de la servitude ne peut rien faire qui tende à en diminuer l'usage ou à le rendre plus incommode. Il appartiendra aux tribunaux de décider si les servitudes de ré-

cente création sont compatibles ou non avec
l'existence des servitudes antérieures : c'est là
une pure question de fait. Ainsi il a été jugé que
le propriétaire d'une porte cochère, qui doit un
passage au voisin, peut permettre à une autre
personne d'y passer avec voiture et autrement,
pourvu que la servitude acquise au voisin n'en
souffre pas.

De même, le fait qu'un immeuble est hypothéqué ne peut empêcher son propriétaire de
l'assujettir à des services fonciers; l'hypothèque
ne portant point obstacle à son droit de disposition. Ce principe est incontestable, mais il soulève dans l'application de nombreuses difficultés, lorsqu'il s'agit de concilier les intérêts rivaux
du titulaire de la servitude et des créanciers hypothécaires. La constitution ne doit point nuire
à ces créanciers, puisque le propriétaire ne peut
aliéner son immeuble, de manière à leur causer
préjudice; ce qui est vrai pour l'aliénation de la
propriété l'est aussi pour l'aliénation de ses démembrements. Or, il est certain que telle servitude, comme l'obligation de ne pas bâtir sur un
terrain situé dans une ville, enlève au fonds la
majeure partie de sa valeur et diminue d'autant
le gage des créanciers. Supposons donc qu'une
telle charge ait été constituée par vente, sur un
immeuble hypothéqué. Reconnaîtrons-nous au
tiers acquéreur le droit de purger, en offrant le
prix de la servitude aux créanciers hypothé-

caires? Non évidemment, car la purge ne s'applique qu'aux transmissions de propriété, aux aliénations de biens susceptibles d'hypothèque et par suite d'expropriation et d'adjudication aux enchères publiques. L'offre du prix ne se conçoit pas sans la faculté de surenchérir et, dans notre espèce, les créanciers ne peuvent surenchérir, puisque la servitude n'est pas susceptible d'être vendue aux enchères. Le tiers détenteur ne peut donc s'affranchir des hypothèques, au moyen de la purge. Nous croyons même que les créanciers ont le droit de méconnaître la charge dont l'existence leur est préjudiciable et qu'ils peuvent poursuivre la vente de l'immeuble, comme si elle n'avait pas été constituée. L'acquéreur a dû savoir qu'il ne pouvait pas plus que le débiteur altérer leur gage et que s'il acquérait la servitude, c'était sous l'obligation de ne point porter atteinte aux droits conférés antérieurement. Les créanciers hypothécaires devront cependant l'assigner préalablement, pour faire décider contre lui que l'immeuble sera vendu sans la charge de la servitude, mais ils n'auront point à prouver la fraude, l'accord de cet acquéreur avec leur débiteur; il suffit que la constitution leur cause un préjudice, en diminuant la valeur de l'immeuble. Ajoutons qu'ils pourront, en vertu des art. 1180, 2131, faire déclarer leur débiteur déchu du bénéfice du terme, pour avoir par son fait diminué les sûretés qu'il leur avait attribuées. Ces difficultés, sur lesquelles nous n'insistons pas davantage, car elles nous entraîneraient dans des développements étrangers à notre sujet, sont communes aux hypothèques inscrites et à celles que la loi dispense d'inscription.

III. Qui peut acquérir une servitude? Il faut être propriétaire pour acquérir une servitude, comme pour la constituer. L'art. 686 ne reconnaît en effet ce droit qu'aux propriétaires et en faveur de leur propriété. Ce propriétaire doit d'ailleurs avoir la capacité d'acquérir à titre onéreux ou à titre gratuit, suivant le caractère de la constitution. Ce dernier point ne présente aucune difficulté et n'est que l'application des principes généraux.

Acquérir une servitude, c'est améliorer la condition du fonds dominant, aussi dit-on avec raison, que celui qui peut en imposer peut, *a fortiori*, en acquérir. Nous ajouterons, avec la plupart des auteurs, que certaines personnes peuvent en acquérir, qui n'ont pas le pouvoir d'en constituer.

La question se pose d'abord pour l'usufruitier. Un usufruitier a stipulé une servitude, non point pour son compte, non point limitée à la durée de son droit, mais en termes absolus et pour le fonds lui-même. Il nous semble qu'à l'expiration de l'usufruit, la servitude n'en devra pas moins demeurer attachée à l'immeuble, si le propriétaire consent à satisfaire aux conditions du titre constitutif. Le maître du fonds servant ne peut s'en affranchir, en se fondant sur ce que le droit de son concessionnaire n'existe plus. Ce n'est point en considération de la personne qu'il a traité, mais en considération du fonds ; en constituant la servitude, il n'a eu que le fonds en vue, et il est mal fondé à vouloir se dégager d'une obligation consentie *in perpetuum*, et que ratifie le propriétaire de l'héritage dominant. L'usufruitier a d'ailleurs mandat pour les améliorations. Mais il reste bien entendu que la servitude disparaîtrait à la fin de l'usufruit, s'il résultait soit des circonstances, soit du titre constitutif, qu'elle a été établie pour l'avantage personnel de l'usufruitier. Tel serait le sort d'une servitude acquise à titre gratuit par donation ou par legs. En dehors de ces cas, nous croyons volontiers qu'on devrait présumer que le droit a été constitué *in perpetuum* et dans l'intérêt du fonds.

Notre solution serait la même dans l'hypothèse d'une servitude acquise *in perpetuum* par celui qui n'a qu'une propriété conditionnelle ou résoluble, ou par un possesseur de bonne ou de mauvaise foi. Le propriétaire pourra toujours en demander le maintien, sauf à exécuter les engagements pris à l'occasion de son établissement.

Un copropriétaire peut valablement acquérir une servitude au profit d'un fonds commun.

Chacun des copropriétaires a en effet pouvoir d'améliorer l'héritage indivis et la stipulation que le constituant fait pour ses associés, peut d'ailleurs être considérée comme la condition d'une stipulation qu'il fait pour lui-même, ce qui entraîne l'application de l'art. 1121. Notre droit est sur ce point moins rigoureux que la législation romaine, d'après laquelle la stipulation émanée d'un seul des copropriétaires était nulle, parce qu'on ne pouvait stipuler pour autrui. (L. 19, D. *De servit. præd.* L. 18, D. *Communia præd.*) De même que la servitude peut être constituée au profit de la totalité du fonds commun, elle peut l'être aussi en faveur de la seule part du stipulant. Les termes de la convention détermineront alors si son exercice doit commencer après la détermination de cette part ou pendant l'indivision. Dans ce dernier cas, il est évident que le copropriétaire qui a stipulé la servitude, a seul droit à sa jouissance, mais il peut arriver que par suite de l'état des lieux, ses copropriétaires soient admis à en profiter de fait. Ainsi, l'obligation de ne point bâtir devant un terrain indivis est imposée par un seul des copropriétaires et au profit de sa seule portion; comme cette portion est indéterminée et que l'exercice de la servitude n'est point, dans l'espèce, suspendu pendant l'indivision; le maître du fonds servant ne pourra bâtir devant aucune portion de l'immeuble dominant, et tous les copropriétaires jouiront du droit acquis par un seul d'entre eux.

On peut valablement stipuler une servitude au profit d'un fonds, qu'on se propose d'acheter; le droit est alors établi conditionnellement. La servitude peut également être acquise au nom du propriétaire de l'héritage dominant, soit par un mandataire, soit par un tiers dans le cas prévu par l'art. 1121, soit par un *negotiorum gestor* ou porte fort.

CHAPITRE DEUXIÈME.

DE L'ÉTABLISSEMENT DES SERVITUDES PAR LA PRESCRIPTION.

I. L'établissement des servitudes par prescription est une des questions les plus douteuses et les plus controversées, soit du droit romain, soit de notre ancienne législation. On a pu voir, dans la première partie de cette étude, tout ce que les textes renferment à ce sujet d'obscurités et de contradictions. La prescription des servitudes, admise dans l'ancien droit civil, est supprimée par la loi *Scribonia*, puis les préteurs introduisent progressivement la théorie de l'acquisition par *longa possessio*. Enfin, bien que Justinien semble assimiler la prescription des servitudes à la prescription de la propriété, les romanistes sont loin de s'être mis d'accord sur le rôle que jouaient, dans le dernier état du droit, la bonne foi, le juste titre ou la durée de la possession.

Si du droit romain nous passons à notre ancienne législation, nous nous trouvons en présence d'une diversité de règles incroyable, d'une sorte d'anarchie législative, suivant l'expression de M. Demolombe. Lalaure, dans son Traité des servitudes réelles, en a tracé un curieux tableau, exposé long et fidèle de toutes les incohérences, de toutes les contradictions de la doctrine. Les pays de droit écrit, tout en acceptant la donnée romaine de la prescription acquisitive des servitudes, l'avaient modifiée sur plusieurs points. Ainsi le délai de 10 à 20 ans avait été remplacé par celui de 30 ans. On avait distingué, de plus, entre les servitudes continues et les servitudes discontinues, c'est-à-dire dont l'exercice nécessite un fait actuel de l'homme, et la prescription n'avait été admise que pour les servitudes continues. Les servitudes discontinues s'établissaient toutefois par possession immémoriale. Telle était la doctrine générale. Elle était cependant contestée dans plusieurs parlements, et dans d'autres les arrêts se trouvaient souvent contradictoires. Ainsi, le parlement de Dijon, où régnait la plus grande diversité entre les arrêts et entre les auteurs, rejetait la prescription pour les servitudes urbaines, continues ou non, et l'admettait pour les servitudes rurales continues ou discontinues. Dans le Béarn, les servitudes continues se prescrivaient par 10 à 20 ans; toutefois le parlement de Pau admettait la prescription par 30 ans de la servitude de passage, bien que discontinue, lorsqu'il existait les signes apparents d'un chemin. Il en était de même du droit de parcours dans le bas-Languedoc. Voilà pour les pays de droit écrit.

Dans les pays de coutumes, au contraire, on avait complétement répudié la tradition romaine, et la règle admise par la plupart des coutumes était que les servitudes ne pouvaient s'acquérir que par titre. Nulle servitude sans titre, tel était le principe. On partait de cette idée, que les actes d'exercice qui semblaient constituer une servitude, devaient sans distinction être regardés comme des faits de simple tolérance, expliqués par des rapports de familiarité et de bon voisinage. Dès lors, la possession était considérée comme entachée de précarité et inutile pour la prescription. Aussi, Pothier, sur l'article 221 de la coutume d'Orléans, d'après lequel, « *vues, égouts et tous autres droits de servitude, ne portent saisine d' celui qui les a, s'il n'a titre valable,* » faisait-il observer « que la saisine « n'était pas regardée comme une possession ou « quasi-possession du droit de servitude, mais « comme un usage précaire et de simple tolé-

« rauçe, qui ne pouvait, par conséquent, faire
« acquérir par prescription le droit de servi-
« tude. » Nous retrouvons cette même idée dans
un autre commentateur : « On y présume le pré-
« caire, et qu'elles ont commencé par simple
« tolérance de la part du propriétaire. » A cette
règle on apportait, il est vrai, quelques tempé-
raments. Ainsi, la présomption de précarité
était écartée lorsque la servitude était possédée
en vertu d'un titre émané *a non domino*. « Ma
possession ne peut passer pour une tolérance,
puisque j'use du droit de servitude en ce cas,
tanquam jure existimans me jus servitutis ha-
bere. » (Pothier, Introduction au titre 13 des Servitudes réelles, art. 2, § 8.) De même, dans l'o-
pinion de la plupart des auteurs, la prescription
acquisitive était possible, lorsqu'à la possession
était jointe une contradiction opposée au droit
du propriétaire. Enfin, dans beaucoup de coutumes, on reconnaissait qu'une servitude pouvait être acquise par possession centenaire ou
immémoriale; mais ce dernier tempérament n'é-
tait point admis par la coutume de Paris, dont
l'art. 186 portait : «Droit de servitude ne s'acquiert par longue jouissance, sans titre, encore
que l'on en ait joui par cent ans. » Ajoutons
que la jurisprudence des parlements était loin
d'être fixée sur tous ces points, et que, dans
quelques coutumes, on trouvait la plus grande
variété de dispositions sur la nécessité du titre,

les conditions de la possession, et surtout sa durée.

Le besoin d'une législation uniforme se faisait donc vivement sentir, et les rédacteurs du Code ont eu le mérite de remplacer toutes ces incertitudes par un système sinon irréprochable, du moins simple et nettement indiqué. En réfléchissant à la nature même du droit de servitude, on comprend les difficultés du problème qu'il s'agissait de résoudre, et en même temps les divergences des législations antérieures. Tandis que la propriété, l'usufruit ou l'usage se révèlent d'une façon toujours identique, les manifestations des droits réels qui nous occupent varient à l'infini. Non-seulement chaque servitude a sa manière d'être spéciale, mais encore la même change souvent d'aspect, suivant le milieu dans lequel elle se produit, et semble, dans telles circonstances, demander des règles toutes différentes de celles qui la régissent habituellement. Ainsi, n'est-il pas vrai que, même en théorie, il paraît illogique de traiter de la même sorte, au point de vue de son acquisition par prescription, une servitude de passage qui, à des intervalles éloignés, s'exerce sur un terrain inculte, et un autre passage qui, sur un terrain cultivé, se manifeste par des signes apparents, par des travaux extérieurs. La présomption de précarité, évidente dans la première hypothèse, se comprend bien moins dans la seconde. On conçoit donc la difficulté de poser, *à priori*, des règles générales applicables à toutes les servitudes. D'un côté, on court le risque de traiter, comme des droits acquis, de simples tolérances qu'engendrent des rapports de familiarité, de bon voisinage, et, par là même, de faire cesser ces rapports; de l'autre, en rejetant la prescription, on s'expose à méconnaître des intérêts respectables, des droits légitimement constitués. Ce dernier point de vue domine dans la législation romaine; notre ancienne jurisprudence avait, au contraire, exagéré l'idée de précarité. Les auteurs du Code ont cru trouver la vérité entre ces extrêmes, et leur théorie est une transaction qui, essaie de concilier deux doctrines opposées. Ce système est tout entier dans les art. 690-691.

Art. 690. Les servitudes continues et apparentes s'acquièrent par titre ou par la possession de trente ans.

Art. 691. Les servitudes continues non apparentes et les servitudes discontinues apparentes ou non apparentes, ne peuvent s'établir que par titre. La possession même immémoriale ne suffit pas pour les établir, sans cependant qu'on puisse attaquer aujourd'hui les servitudes de cette nature déjà acquises par la possession, dans les pays où elles pouvaient s'acquérir de cette manière.

On voit que la doctrine des pays de droit écrit prévalut en définitive, sauf le rejet de l'acquisition par possession immémoriale. Les servitudes continues et apparentes sont en effet si onéreuses pour le propriétaire du fonds servant, qu'on ne peut considérer leur possession comme entachée de précarité, et cette objection de précarité une fois écartée, rien ne pouvait s'opposer à leur prescription acquisitive. Les jurisconsultes romains avaient eux-mêmes fait justice de l'idée primitive que les droits incorporels n'étaient pas susceptibles de possession ; une analyse plus exacte démontrant que jouir d'un droit c'était le posséder, l'article 2228 définissait la possession, la détention ou la *jouissance* d'une chose ou d'un droit.

La durée de cette possession a été fixée à 30 ans par l'article 690 ; mais on discute vivement la question de savoir si ce texte est exclusif de la prescription de 10 à 20 ans, à laquelle est relative l'article 2265. En d'autres termes, une servitude continue et apparente acquise *a non domino*, c'est-à-dire de celui qui possédait un immeuble sans en être le véritable propriétaire, sera-t-elle prescrite, comme le serait la propriété elle-même, au bout de 10 à 20 ans d'une possession, exercée ainsi avec juste titre et bonne foi ?

Oui, dit-on, car les servitudes sont des immeubles par l'objet auquel elles s'appliquent (article 526), et aux termes de l'article 2265, celui qui acquiert de bonne foi et par juste titre un immeuble, en prescrit la propriété par 10 à 20 ans. C'est sur ce rapprochement de textes que tous les auteurs se basent pour appliquer sans difficulté la prescription de 10 à 20 ans à l'usufruit : on doit donc par analogie admettre le même raisonnement, en ce qui concerne les servitudes réelles. Celui qui peut prescrire par 10 à 20 ans la pleine propriété d'un immeuble doit *a fortiori* pouvoir prescrire ses démembrements dans les mêmes conditions. On ajoute que dans les pays de coutume, où régnait la maxime *nulle servitude sans titre*, où l'acquisition par possession de 30 ans était rejetée, on admettait cependant sans difficulté la prescription de 10 à 20 ans, lorsqu'elle était fondée sur un titre coloré, c'est-à-dire émané *a non domino*. Les rédacteurs du Code tenant compte de la possession trentenaire autrefois méconnue, et se montrant ainsi plus faciles que les coutumes, n'ont pu se montrer ensuite plus rigoureux qu'elles, en rejetant la prescription de 10 à 20 ans qu'elles admettaient. L'article 690 n'envisage en effet la possession que séparée du titre et laisse indécise la question de savoir quels en sont les effets, lorsqu'elle est jointe à un titre simplement coloré ; cette question doit être tranchée suivant les règles du droit commun, c'est-à-dire par l'article 2265.

Ce système n'est pas le nôtre, bien qu'au premier abord le rapprochement des articles 526 et 2265 semble lui prêter une certaine apparence de vérité. Nous croyons que la possession, qui

conduit à l'acquisition des servitudes, doit toujours avoir une durée invariable de 30 ans. En
effet, aux termes de l'art. 2264 : « Les règles
de la prescription sur d'autres objets que ceux
énoncés dans le présent titre (de la prescription)
sont expliqués dans les titres qui leur sont propres. » Or, l'art. 690 dispose formellement, que
les servitudes continues et apparentes s'acquièrent par titre ou par la possession de 30 ans. Cet
article forme donc la règle unique et spéciale,
en ce qui concerne la prescription des servitudes, l'art. 2264 s'opposant à l'application en
cette matière des dispositions du droit commun.
Il est évident que si le législateur avait entendu
admettre, et le délai de 30 ans et celui de 10 à
20 ans, il se serait contenté d'énoncer d'une façon générale que les servitudes s'établissent par
titre et par la prescription. On ne peut donc soutenir que l'article n'envisage la possession que
séparée du titre, quel qu'il soit. Cette interprétation viole le texte dans sa lettre et dans son
esprit. Dans son esprit, car il est avéré que les
rédacteurs du Code ont voulu mettre fin aux
contradictions, aux divergences de l'ancien
droit sur l'admission de la prescription et la durée de la possession. Et pour cela ils ont établi
un système simple, un délai unique, celui de
trente ans; dans la discussion, tous les orateurs
se sont exprimés dans ce sens, et, mettant en
parallèle l'acquisition de la propriété et celle des

servitudes, ils ont toujours parlé de la préscription de trente ans. L'un d'eux, faisant allusion
aux divisions de l'ancienne jurisprudence, ter-
minait ainsi : Maintenant toute cette partie de la
législation a pu être ramenée à des termes simples, *ils ont été posés avec clarté dans les art.* 690
et 691. (Locré, Législation civile, t. 8, p. 410).

Si nos anciennes coutumes admettaient la
prescription de dix à vingt ans, ce n'était que
comme tempérament apporté à la maxime :
Nulle servitude sans titre, tempérament dont n'a-
vaient nul besoin les rédacteurs du Code qui ré-
pudiaient cette maxime. Il est inexact de conclure de l'admission de la préscription de dix à
vingt ans, en matière de propriété, à son admission en matière de servitude, en se fondant sur
le brocard : *qui peut le plus peut le moins.* Les
deux situations sont loin d'être identiques, et les
rédacteurs du Code n'ont été que sages en édictant une règle différente dans notre espèce. Tandis que la possession d'un immeuble se manifeste par des signes évidents et tels qu'on a le
droit de présumer que le véritable propriétaire
ne les a pas ignorés, la possession des servitudes, elle, a toujours quelque chose d'équivoque.
On peut toujours se demander si elle n'a pas été
étrangère au propriétaire de l'héritage prétendu
servant, ou si elle n'est pas le résultat d'une
simple tolérance. Voilà pourquoi le législateur a
exigé un délai plus long pour la prescription

des servitudes que pour la prescription de la propriété, afin que la durée de la possession rachetât ce qu'elle pouvait avoir de douteux. Ajoutons enfin que si on applique sans difficulté la prescription de dix à vingt ans à l'acquisition de l'usufruit, c'est que la possession dans cette hypothèse se manifeste d'une façon à peu près identique à la possession de la propriété, et c'est surtout parce qu'on ne trouve point, au titre de l'usufruit, un texte formel comme l'art. 690, qui rejette cette prescription et motive l'intervention de l'art. 2264. La jurisprudence de la Cour de cassation semble fixée dans notre sens. (Cass., 10 décembre 1834; Cass., 31 décembre 1845; Cass., 14 novembre 1853).

L'art. 691, en disposant que les servitudes discontinues apparentes ou non apparentes ne peuvent plus s'établir par possession immémoriale, a soin de réserver les droits acquis : « sans cependant, ajoute-t-il, qu'on puisse attaquer aujourd'hui les servitudes de cette nature, déjà acquises par possession dans les pays où elles pouvaient s'acquérir de cette manière. » C'est là une application du principe de la non-rétroactivité des lois, posé dans l'art. 2 du Code civil. Mais il faut que le droit ait été acquis au moment de la promulgation du titre des servitudes, soit le 10 février 1804. Si à cette époque il manquait un seul jour aux cent ans, durée ordinaire de la possession immémoriale, la prescription ne pourrait être invoquée. Il est évident que la preuve par témoins de l'acquisition par possession immémoriale, devenue de plus en plus difficile, à mesure qu'on s'éloignait de la promulgation du Code, est maintenant impossible. Mais il faut remarquer que cette preuve peut également être établie par des actes, d'anciennes énonciations, des bornes, des inscriptions, et nous croyons raisonnable de conclure avec la Cour de cassation « qu'il appartient aux cours et tribunaux d'apprécier les obstacles, que peut présenter la preuve des faits qui remontent à des époques aussi éloignées, et que ces difficultés ne peuvent réagir sur la légalité de l'admission de cette preuve. » En tout cas, le propriétaire de l'héritage auquel était dû une servitude acquise par possession immémoriale, a pu, dès la promulgation du Code, obtenir à ses frais du maître de l'héritage servant, un titre récognitif destiné à mettre son droit à l'abri de toute contestation.

II. Les servitudes continues et apparentes s'établissent donc par la prescription de 30 ans tandis que les servitudes discontinues apparentes ou non, ne comportent point ce mode d'acquisition. Ainsi le Code subordonne l'admissibilité de la prescription à deux conditions, l'apparence et la continuité. La première s'explique aisément car le caractère essentiel de toute possession susceptible de conduire à la prescription, c'est la publicité. Comment le propriétaire pourrait-il s'opposer aux actes de jouissance qui établiront la servitude, ou du moins feront présumer une cause légitime d'établissement, s'il ignore cette jouissance; et il l'ignorera, si elle ne se manifeste à lui par des signes apparents, par des travaux extérieurs. Cette condition d'apparence exclura de la prescription d'abord les servitudes consistant *in prohibendo*, qui obligent un propriétaire à s'abstenir de l'accomplissement de tel fait sur son héritage, d'y bâtir, d'y planter; d'une part, elles ne se révèlent par aucun signe extérieur et de l'autre un propriétaire, en ne bâtissant point, en ne plantant point, ne fait qu'user d'une simple faculté, qui ne peut fonder de prescription au profit du voisin. Elle exclura ensuite des servitudes consistant *in faciendo*, mais dont aucun ouvrage ne décèle l'existence. Ici il est vrai, l'empiétement sur la propriété est plus marqué et le propriétaire a pu ne point ignorer des actes qui se produisent au grand jour, mais la possession comme l'a dit le jurisconsulte Paul n'est pas une *possessio certa*. Il y a encore clandestinité; les faits de jouissance sont fugitifs, ils ont peut-être eu lieu et intentionnellement à des moments où le propriétaire ne pouvait surveiller son fonds. Ainsi, dans ces hypothèses de non-apparence, la solution du Code est parfaitement motivée.

Il ne suffit pas que la servitude se révèle par des ouvrages apparents, il faut encore qu'elle ne soit point discontinue. Pourquoi cette dernière exigence? Quelques auteurs l'ont expliquée, par ce motif que la possession des servitudes discontinues n'est pas continue, ainsi que l'exige l'article 2229 et dès lors ne peut conduire à la prescription. Cette idée se retrouve dans un texte du jurisconsulte Paul, qui s'exprimait ainsi à propos des servitudes de passage : *Tales sunt servitutes ut non habeant certam continuamque possessionem. Nemo enim tam perpetuo ire potest ut nullo momento posssesio ejus interpellari videatur.* Mais l'explication n'était pas plus exacte en droit romain qu'elle ne l'est en droit français, et elle est aujourd'hui presque universellement abandonnée. Il n'est pas vrai en effet que la possession des servitudes discontinues ne soit pas continue. Lorsque l'article 2229 exige cette qualité dans la possession, il n'entend nullement par là que celle-ci doive être exercée sans répit, sans aucune espèce d'intermittence. Ainsi comprise, la possession continue serait impossible, car nul ne peut rester perpétuellement en contact avec l'objet ou le fonds qu'il possède. Une possession continue est une possession qui n'a pas été abandonnée puis reprise, mais qui s'est manifestée d'une façon suivie, par les actes de jouissance plus ou moins rapprochés que la nature de la chose comportait. Je possède un fonds et ma possession est continue, bien que je n'y réside qu'à des époques déterminées pour en jouir ou le cultiver, si la nature du fonds commande ce mode de jouissance ou de culture. De même, je possède une servitude discontinue, une servitude de passage, d'une façon continue, bien que je ne passe point sans interruption, mais à tels ou tels moments, lorsque le passage m'est nécessaire. On ne peut donc expliquer ainsi la disposition de l'article 691. Si les rédacteurs du Code n'ont point admis la prescription des servitudes discontinues, c'est qu'ils ont considéré ces servitudes comme équivoques et précaires. Ils ont pensé que leur possession, s'exerçant par des actes répétés de loin en loin, pouvait être présumée le résultat d'une pure tolérance, commandée par des rapports de bon voisinage, et qu'il y avait lieu d'appliquer le principe suivant lequel les actes de simple tolérance ne peuvent fonder ni possession, ni prescription. De plus, ils ont voulu favoriser ces rapports si désirables entre propriétaires voisins, en posant comme thèse absolue qu'une tolérance, une suite de bons offices, n'aboutiraient jamais à un préjudice, par l'établissement d'une servitude passive. Tels sont évidemment les motifs qui ont inspiré le législateur.

Malgré les termes formels de l'article 691, on discute sur le point de savoir si les servitudes discontinues apparentes ou non apparentes ne sont pas dans certains cas susceptibles de s'acquérir par prescription.

Attachons-nous d'abord à l'hypothèse d'une

servitude discontinue, dont la possession s'appuierait sur un titre coloré. On a soutenu que l'art. 691 subissait une exception dans notre espèce, et que la servitude ainsi possédée pouvait être prescrite acquisitivement. Cette opinion se fonde en premier lieu sur la tradition de l'ancien droit, qui admettait effectivement la prescription des servitudes discontinues, lorsqu'elle était basée sur un titre émané *a non domino*. Il est vrai, ajoute-t-on, que l'art. 691 dispose que ces servitudes ne peuvent s'acquérir que par titre, mais le titre n'existe-t-il pas dans l'espèce, et du moment qu'il existe, n'est-on pas dans les conditions de l'article? On fait enfin remarquer que ce qui s'oppose à la prescription des servitudes dont il s'agit, c'est la présomption de précarité attachée à leur possession; or, l'existence d'un titre, bien qu'émané *a non domino*, fait disparaître cette présomption, car la servitude est alors possédée comme un droit, et celui qui l'exerce n'entend nullement user d'une simple tolérance. Quant à la durée de la possession, les auteurs partisans de ce système ne s'entendent point pour la déterminer. Les uns la fixent à trente ans, les autres, plus logiques, et appliquant dans son intégralité l'art. 2265, enseignent que la servitude est prescrite au bout de dix à vingt ans.

Cette thèse de l'acquisition par prescription des servitudes discontinues est en opposition ouverte avec le texte et l'esprit de la loi. De plus, l'argument tiré de l'ancien droit n'a aucune valeur. Si l'ancien droit coutumier admettait, dans notre espèce, la prescription des servitudes discontinues, c'était parce que l'art. 186 de la coutume de Paris, qui prohibait en principe ce mode d'acquisition, loin d'être précis comme notre art. 691, se prêtait facilement à une interprétation favorable, quand il y avait titre coloré et bonne foi. Cet article était ainsi conçu : « Droit de servitude ne s'acquiert par longue jouissance, quelle qu'elle soit, sans titre, encore que l'on ait joui par cent ans. » On voit qu'il était facile d'en induire, par *a contrario*, que le droit pouvait s'acquérir par longue jouissance, quand il existait un titre. Mais il résulte aussi de cette interprétation que c'était la jouissance, la possession, soutenue, il est vrai, par le titre coloré, mais n'en restant pas moins simple possession, qui conduisait à l'acquisition de la servitude. Or, la possession n'a plus cet effet dans notre droit nouveau. Que dit, en effet, l'art. 691 : les servitudes discontinues apparentes ou non apparentes *ne peuvent s'acquérir que par titre*. Ce mot *titre* a le même sens que dans l'article précédent, où, mis en opposition avec le mot *prescription*, il signifie concession constitutive émanée du véritable propriétaire de l'immeuble assujetti et suffisant à elle seule à l'établissement du droit. On ne peut donc l'entendre, dans le sens d'un titre coloré, qui, séparé de la possession, n'a aucune valeur. Ajoutons qu'il y a évidemment dans notre droit des servitudes qui ne peuvent s'acquérir par prescription, l'art. 695 le dit formellement; d'après l'opinion que nous combattons, il n'y en aurait pas, puisque les servitudes discontinues pourraient être prescrites, quand la possession est jointe à un titre coloré. Peut-on dire enfin que ce titre coloré affranchit la possession de toute présomption de précarité? Rien n'est plus faux, car le véritable propriétaire, contre qui se prescrit la servitude, ignore ce titre, et dès lors il a pu supporter l'exercice par pure tolérance et parce qu'il savait qu'aux termes du Code il n'en résulterait jamais un droit de servitude passive, à la charge de son fonds. Aussi sommes-nous convaincus que, malgré la présence du titre coloré, l'art. 691 n'en doit pas moins s'appliquer à la lettre.

Supposons maintenant qu'une servitude discontinue ait été possédée pendant trente ans, après une contradiction opposée aux droits du propriétaire voisin. Un propriétaire veut empêcher l'exercice d'un droit de passage sur son fonds. Son adversaire lui répond en le sommant de s'abstenir à l'avenir de tout empêchement semblable, et ce propriétaire s'en abstient en effet. La servitude, après trente ans d'exercice, sera-t-elle acquise par prescription? Oui, dit-on, car la possession est purgée de tout vice de précarité ; elle est intervertie, transformée en une possession à titre de propriétaire, et le Code (art. 2238) autorise cette interversion, par la contradiction opposée à celui contre lequel on veut prescrire. Mais ici encore on se heurte au texte formel de l'art. 691. Les servitudes discontinues ne s'acquièrent que par titre. La contradiction est-elle un titre ? Peut-on voir un titre dans le silence gardé par le propriétaire du fonds prétendu servant ? Non évidemment, donc la servitude n'est pas acquise. Le propriétaire, malgré la contradiction qui lui est opposée, est resté libre de permettre, s'il le veut, à son adversaire de passer sur son fonds. Cette contradiction n'a pu avoir pour résultat de le forcer à se clore ou à faire un procès. On dit que son inaction affranchit la possession du vice de précarité, ce n'est là qu'une présomption ; or, les présomptions ne peuvent être admises que dans les cas où la loi admet la preuve testimoniale. L'art. 2238 reconnaît, il est vrai, que la possession précaire peut être intervertie par le fait d'une contradiction, mais il faut pour cela que la prescription soit possible, et dans notre espèce l'art. 691 la rejette. La contradiction ne peut rendre prescriptible ce qui ne l'est pas. (Cass., 8 août 1837.)

Notre solution sera encore la même, si on suppose réunies les deux circonstances de contradiction et de titre coloré. Je possède une servitude discontinue, en vertu d'un titre émané *a non domino;* je fais signifier mon titre au véritable propriétaire du fonds prétendu assujetti, en lui faisant défense de s'opposer à mes actes de jouissance. La servitude sera-t-elle prescrite à mon profit au bout de 30 ans de possession ? Nous reconnaissons que cette hypothèse est favorable et que le vice de précarité peut être ici considéré comme purgé. Les rédacteurs du Code auraient pu la prévoir spécialement, mais ils ne l'ont point fait et l'article 691 conserve toute sa force. Si la contradiction et le titre coloré pris séparément sont insuffisants, on ne voit pas comment ils deviendraient efficaces, lorsqu'ils sont réunis. Dans tous les cas il faut un titre constitutif valable.

Ainsi donc les servitudes continues et apparentes s'acquièrent seules par prescription. Ce principe soulève encore bien des difficultés lorsqu'il s'agit de l'appliquer. Le Code a pris soin de définir les servitudes continues et discontinues, apparentes et non apparentes et de citer des exemples. Mais, malgré les définitions et en dehors des exemples cités, il reste des points douteux, des hypothèses dans lesquelles on se demande si telle servitude revêt ou non les caractères qui la rendent susceptible de s'acquérir par prescription.

La question se pose d'abord pour la servitude d'évier ou d'écoulement des eaux ménagères et industrielles. L'article 688 range les égouts, les conduites d'eau, parmi les servitudes continues. Pas de difficulté s'il s'agit de l'écoulement des eaux pluviales ; la servitude est continue, puisque son exercice ne nécessite point le fait de l'homme, et si de plus elle se manifeste par des signes extérieurs, rien ne peut s'opposer à son acquisition par prescription. Il en est de même d'une servitude d'aqueduc ou de prise d'eau, alors même que l'homme interviendrait pour lever la vanne qui s'oppose à l'écoulement des eaux. C'est lui qui a créé l'obstacle, c'est lui qui le lève, et son intervention accidentelle ne fait point disparaître la continuité, car l'obstacle une fois disparu, la servitude s'exerce sans son fait, (Cass. 17 Décembre 1861, — Cass. 19 Juillet 1869, 6 Août 1872). Mais tout autre est le caractère de la servitude d'évier. Pour que les eaux ménagères ou industrielles coulent et se répandent sur la propriété voisine, il faut évidemment le fait de l'homme. C'est lui qui les jette ; elles ne s'écouleront qu'autant qu'il les aura jetées et seulement dans la mesure de ce qu'il aura jeté. Que le fait actuel disparaisse par la cessation du jet et l'exercice de la servitude sera suspendu. L'existence de travaux extérieurs, d'un évier avec tuyaux de descente ne peut imprimer au droit le caractère de continuité. Cependant M. Demolombe (t. 12, p. 223), a soutenu avec beaucoup de chaleur l'opinion

contraire. Pour lui, la servitude d'évier est comprise dans les égouts que l'article 688 range parmi les servitudes continues. « L'homme, dit-il,
» jette les eaux pour s'en débarrasser et jusque-
» là il n'y a encore aucun acte de servitude sur
» le fonds voisin ; la servitude ne commence que
» par l'écoulement des eaux, or cet écoulement
» s'opère sans le fait de l'homme. L'exercice de
» la servitude en effet consiste dans l'écoulement
» même des eaux, qui, une fois sur l'évier s'é-
» chappent toutes seules et parviennent d'elles-
» mêmes à l'héritage servant. » Mais cette argumentation n'est que spécieuse. Les eaux, une fois versées dans l'évier, s'écouleront il est vrai sans le fait ultérieur de l'homme, mais il ne parviendra sur le fonds servant que la quantité versée par le propriétaire du fonds dominant. Dès lors il faut reconnaître que l'exercice a pour point de départ des actes successifs de la part de ce propriétaire et par conséquent que la servitude est discontinue. L'argumentation contraire repose sur une confusion entre l'objet même du droit et les moyens à l'aide desquels il est exercé. La servitude d'évier, ainsi admise comme discontinue, est imprescriptible. Nous comprenons bien tout ce que cette solution a de rigoureux. Cette servitude, qui a pour objet l'écoulement d'eaux corrompues et infectes, est, comme le dit M. Demolombe, une des plus gênantes et des plus odieuses. Elle devrait donc être acquise par

prescription au bout de 30 ans d'exercice, car
on ne peut voir dans cet exercice un acte de
pure tolérance de la part du voisin. Mais tout ce
qu'on peut conclure de cette observation juste
en elle-même, c'est que le système du Code se
justifie difficilement dans certaines hypothèses,
en raison surtout du fait qui dans notre droit
différencie la continuité de la discontinuité. —
La jurisprudence est en général favorable à notre
manière de voir. (Aix, 31 janvier 1838, — Cass.
19 janv. 1865, Bordeaux, 31 Août 1866).

De même la Cour de cassation a jugé, dans
l'espèce suivante, que la servitude dont il s'agissait était discontinue, et par suite ne pouvait
s'acquérir par prescription. Un établissement
pour le lavage des laines s'était formé sur les
bords d'un canal; le lavage se faisait au moyen
d'une corbeille mobile abaissée et maintenue
momentanément dans l'eau, à l'aide d'une pou-
lie fixée au balcon. La servitude est discontinue,
a dit la Cour, car le mouvement de va et vient de
la corbeille qui descend dans l'eau, puis est ramenée sur le balcon pour y déposer la laine la-
vée et recevoir de la laine brute, exige évidemment le fait actuel et incessant de l'homme
(Cassation, 12 janv. 1864). Les laines se lavent
d'elles-mêmes une fois qu'elles sont dans la corbeille; mais cela ne suffit point pour constituer
la continuité, et nous trouvons ici une analogie
frappante avec la servitude d'écoulement des

eaux ménagères. Pour que la corbeille se remplisse de laine brute et pour qu'elle descende, il faut! le fait de l'homme, comme pour l'écoulement des eaux dans l'évier. Un fait actuel est donc nécessaire, ce qui entraîne discontinuité.

Une servitude n'en reste pas moins discontinue, bien qu'elle ne soit exercée qu'au moyen d'actes de délivrance, consentis par le propriétaire du fonds servant. Les articles 688 et 691 ne font à cet égard aucune distinction. Ainsi un propriétaire a consenti pendant 30 ans à délivrer de la pierre, du sable, du bois tirés de sa propriété ; au bout de ce temps, il est toujours recevable à prétendre que son fonds ne doit pas de servitude, et à demander la représentation d'un titre, car le droit n'a pu s'établir par prescription. Cependant Proudhon, dans son Traité de l'usufruit (T. 2, numéros 3549, 3550, 3642), a soutenu que le droit d'extraire de la pierre ou du sable pour construction d'édifice, est prescriptible par trente ans, parce que, suivant l'auteur, ce droit constituerait, non pas une servitude discontinue, mais un droit d'usage susceptible, au contraire, d'être acquis par la prescription. Mais M. Demolombe fait remarquer avec raison que cette doctrine, contraire aux lois romaines (Loi § 5, D., *De servit. præd. rust.*), est également repoussée par les termes généraux de l'art. 688, qui range au nombre des servitudes discontinues les droits de passage, de pacage et autres semblables, c'est-à-dire les autres servitudes dont l'exercice consiste en faits de possession directe et de jouissance effective sur le fonds d'autrui (*arenæ fodiendæ, lapidis eximendi*, etc.).

Cette observation est d'ailleurs étrangère aux droits d'usage dans les bois, qui restent régis par les dispositions spéciales du Code forestier (articles 119, 120, etc.).

Une question assez délicate a été portée devant la Cour de cassation, dans l'hypothèse d'une servitude de saillie. Un propriétaire bâtissant une maison, avait terminé sa construction par une corniche sculptée qui faisait saillie sur l'héritage contigu, et cet état de choses avait duré plus de 30 ans. La Cour suprême, cassant un jugement du tribunal civil de Besançon, a décidé que la possession de la corniche n'avait pu faire acquérir au propriétaire de la maison, contre son voisin, le droit de s'opposer à ce que ce dernier fît sur son héritage des travaux d'exhaussement englobant cette corniche dans la maçonnerie de la surélévation ; un tel droit constituant une servitude *altius non tollendi*, qui ne peut s'établir par la possession, fût-elle immémoriale. Cette décision ne nous semble pas justifiée. Il faut bien remarquer que la servitude *altius non tollendi* n'est nullement en cause dans l'espèce. Il s'agit purement du droit d'avoir une corniche qui surplombe sur le toit du voisin. Or ce droit peut s'acquérir par prescription, puisqu'il constitue une servi

tude continue et apparente, la servitude de saillie. Cette servitude une fois établie, naît pour le
maître du fonds assujetti l'obligation de la respecter, et il ne la respecte point en englobant la
corniche dans la maison, puisqu'il la fait disparaître en tant qu'ornement. Il reste d'ailleurs
parfaitement libre de bâtir, pourvu qu'en bâtissant, il ne porte pas atteinte au droit constitué
en faveur de l'héritage contigu. De même, et il
y a entre les deux espèces analogie frappante,
lorsqu'une servitude de vue est acquise par la
prescription, le propriétaire du fonds servant
reste libre de construire à la distance fixée par
l'art. 678. Dans cette hypothèse, comme dans la
nôtre, ce n'est point le *jus altius non tollendi*, servitude non apparente, qui est établie par prescription, mais bien une autre servitude; dans un cas
le droit de vue, dans un autre le droit de saillie,
dont l'établissement entraîne, dans une certaine
mesure, l'obligation de ne point bâtir. Nous
trouvons une objection dans une note insérée au
Recueil périodique de Dalloz, sous l'arrêt précité. Si, dit-on, la corniche se trouvait à la ligne
séparative des deux héritages, il est certain que
le propriétaire de l'édifice dont elle fait partie ne
pourrait, à défaut de titre, empêcher le voisin
d'y appuyer ses constructions. Il ne saurait en
être autrement, parce que ce travail fait saillie
sur le fonds contigu. Dans les deux cas il y a une
maison avec corniche; dans les deux cas le voi-

sin peut bâtir, et, s'il peut appuyer sa construction sur la corniche quand elle se trouve sur le fonds de son propriétaire, il doit avoir le même droit quand elle se trouve sur son fonds à lui. Voici notre réponse : Il y a une grande différence entre le cas où la corniche ne dépasse point la ligne séparative des deux héritages, et le cas où elle fait saillie sur l'héritage contigu. Dans la première hypothèse, le propriétaire n'a rien acquis, et dès lors son voisin peut, conformément au droit commun de la propriété, appliquer ses constructions sur la maison, qu'il y ait corniche ou non. Mais dans la seconde hypothèse, le propriétaire a acquis, comme servitude, la faculté d'avoir une corniche ornant son édifice et formant saillie; le voisin est donc obligé de la respecter, car les droits qu'il tient de la loi en tant que propriétaire ont subi dans ce sens une véritable restriction, comme celle qui découle de toute servitude passive.

III. Occupons-nous maintenant des conditions requises pour la prescription acquisitive des servitudes continues et apparentes. Le titre des servitudes ne contient point à ce sujet de dispositions particulières, sauf en ce qui concerne le temps nécessaire pour prescrire. Les règles du droit commun posées au titre de la prescription sont donc généralement applicables, et nous n'aurons à insister que sur quelques points spéciaux.

Et d'abord, pour qu'une servitude s'établisse par prescription, il faut, conformément au droit commun, que la prescription puisse courir, et à l'égard du fonds sujet passif du droit, et à l'égard de son propriétaire. D'où application des articles 2252 et suivants, qui suspendent la prescription à l'égard des mineurs, des interdits, des femmes mariées dans certaines hypothèses, et de l'art. 1561, aux termes duquel les biens dotaux sont imprescriptibles. Nous appliquerons également les articles 709 et 710, bien qu'ils soient relatifs à la prescription extinctive des servitudes ; le principe d'indivisibilité sur lequel ils reposent, leur donne pleine autorité dans notre matière. Nous déciderons en conséquence :

1° Que, si le fonds sur lequel il s'agit d'établir une servitude par prescription appartient à plusieurs copropriétaires par indivis, l'interruption de la possession émanée d'un seul d'entre eux profitera à tous les autres ;

2° Que si, parmi les copropriétaires, il s'en trouve un contre lequel la prescription n'a pu courir, comme un mineur, cette suspension aura également lieu au profit de tous les autres.

Une question très-délicate et très-controversée s'élève sur cette dernière disposition. Voici l'espèce : Primus, mineur, et Secundus, majeur, sont propriétaires, comme cohéritiers, d'un immeuble sur lequel une servitude continue et ap-

parente est possédée sans titre par le maître de
l'héritage voisin. La prescription reste suspen-
due par suite de la minorité de Primus. Il s'agit
de savoir si cette suspension, qui, par application de notre art. 710, a profité pendant l'indivision au copropriétaire Secundus, pourra encore
être invoquée par celui-ci, si, à la suite du partage, il devient seul maître de l'immeuble indivis.
La raison de douter est qu'aux termes de l'article 883, chaque cohéritier est censé avoir succédé seul et immédiatement à tous les effets compris dans son lot ou à lui échus sur licitation, et
n'avoir jamais eu la propriété des autres effets de
la succession. Du moment qu'on prend cet article
dans un sens absolu, il semble évident que Secundus, qui est réputé avoir toujours été seul
propriétaire de l'immeuble, ne peut plus invoquer la suspension motivée par la minorité de
Primus, dont la copropriété n'a, par fiction, jamais existé. C'est ce qu'a décidé, à deux reprises,
la Cour de cassation, en cassant des arrêts con-
traires émanés des Cours d'appel. Voici les motifs qui résument cette doctrine :

« Attendu que c'est d'une manière générale et
absolue que l'art. 883 déclare que chaque cohéritier est censé avoir succédé seul et immédiatement à tous les effets compris dans son lot, et
n'avoir jamais eu la propriété des autres effets de
la succession;

« Attendu que, par une conséquence nécessaire de ce principe, chaque cohéritier ou co-partageant possède les biens qui lui sont échus en partage comme s'il les avait directement et spécialement reçus de la loi ou des dispositions du défunt, au moment même de l'ouverture de la succession ; que dès lors, la propriété qui lui est conférée à partir de cette ouverture est aussi pleine et aussi entière que si ces biens n'avaient jamais été l'objet d'une propriété et d'une possession commune avant le partage ; que, s'il était permis d'invoquer cette possession commune' afin de déterminer les droits des héritiers sur les biens de la succession qui n'auraient pas été compris dans le lot qui leur est échu, on ne pourrait plus dire, avec l'art. 883, que chacun d'eux est censé avoir succédé seul et immédiatement à ceux qu'il a reçus par le partage, puisqu'il y aurait alors évidemment un intervalle de temps pendant lequel ils n'auraient pas été propriétaires exclusifs de ces biens ; qu'ainsi la présomption résultant de l'art. 883 est inconciliable avec un droit de propriété en faveur des cohéritiers, pour ce qui concerne les objets non compris dans leur lot respectif, pendant tout le temps qui a précédé le partage » (Cass., 2 décembre 1845).

« Attendu que ceux des cohéritiers qui étaient alors mineurs (pendant l'indivision) sont censé, d'après l'art. 883, n'avoir jamais eu la propriété des deux immeubles dont il s'agit, et qu'ainsi le privilége de minorité, qui leur appartenait, d'après l'art. 2252, n'a pu empêcher le cours de la prescription à l'encontre des immeubles qui sont censés aujourd'hui leur avoir toujours été étrangers ;

« Attendu que l'art. 710 statue pour le cas d'une copropriété permanente et définitive, et non pour celui d'une simple indivision transitoire qui a cessé, et que ce dernier cas est celui de l'art. 883, qui est fait uniquement pour régler les effets d'un partage dont l'art. 710 ne pouvait ni ne devait s'occuper ; attendu que ces deux articles 883 et 710 doivent être appliqués chacun pour le cas qu'ils ont voulu régler ; attendu que l'art. 883, en proclamant la rétroactivité des partages, en détermine le caractère essentiel, qui est de rattacher immédiatement à la personne du défunt la personne de l'héritier copartageant, en faisant abstraction de l'époque intermédiaire entre l'ouverture de la succession et son partage (Cass., 29 août 1853).

M. Demolombe (t. 12, p. 546) a soutenu la thèse contraire avec un rare talent, et nous croyons qu'il a pleinement raison contre la jurisprudence de la Cour suprême.

En effet, la règle de l'art. 883 est une fiction qui doit être restreinte au but en vue duquel elle a été introduite. En droit romain, les partages étaient translatifs de propriété. Il en résultait que les effets ne tombaient au lot des copartageants que grevés des charges consenties par ces copartageants, même à l'insu les uns des autres, pendant l'indivision. De là des fraudes et des recours sans fin. C'est pour y mettre un terme que le droit coutumier reconnut aux partages un effet purement déclaratif, doctrine qui passa dans notre Code, et dont l'art. 883 est l'expression. Désormais le partage n'a d'autre objet que de déclarer, que de déterminer la portion pour laquelle chacun des héritiers est censé succéder seul au défunt. Cette portion lui parvient franche et libre de toutes charges du chef de ses copartageants, puisque ceux-ci sont réputés n'en avoir jamais eu la copropriété. On voit donc que l'art. 883 a pour but unique de mettre les communistes réciproquement à l'abri des actes consommés pendant l'indivision. En dehors de ce but, qui est tout de protection, la fiction qu'il a introduite n'a plus sa raison d'être, elle doit disparaître et faire place à la réalité. Or, la réalité est qu'il y a eu indivision, qu'il y a eu copropriété, c'est là un fait qu'on ne peut écarter. Et remarquons que le Code lui-même en tient compte malgré l'art. 883, puisqu'il accorde aux communistes un recours en garantie (art. 884) et un privilége pour soulte et retour de lots (art. 2103), toutes dispositions qui ne se comprendraient pas sans la notion d'une indivision préexistante. Notre conclusion est donc que l'art. 883 doit être entendu dans un sens purement relatif, spécial aux cas pour lesquels il a

été établi, et dès lors qu'on ne peut, dans notre
espèce, empêcher le propriétaire majeur d'invoquer la suspension opérée du chef du mineur,
en se fondant sur ce que, par fiction, il n'y a
jamais eu copropriété. Ce serait non-seulement
étendre, plus que de raison, la portée de l'article 883, mais encore méconnaître son véritable
esprit, puisqu'il a pour but d'empêcher les communistes de se nuire les uns aux autres pendant
l'indivision, et non pas, certes, de s'entr'aider et
de se servir réciproquement. L'arrêt précité
ajoute que l'art. 710 statue pour le cas d'une copropriété permanente et définitive, et non pour
celui d'une simple indivision transitoire qui a
cessé, et que ce dernier cas est celui de l'article 883. C'est là une pure affirmation à laquelle
résistent les termes généraux de l'article. Comment admettre, d'ailleurs, que le législateur,
qui, en principe, est peu favorable à l'état d'indivision à cause de ses dangers, qui le considère
comme une situation essentiellement transitoire dans laquelle on ne saurait convenir de rester plus de cinq ans, ait pu, en édictant une disposition générale comme celle de l'art. 710, avoir
en vue une copropriété permanente et définitive. L'application du texte se restreindrait alors
à des cas exceptionnels, comme celui de l'article 664. Remarquons enfin que notre article 710
est aussi formel que possible : « Si, dit-il, parmi

les copropriétaires, il s'en trouve un contre lequel la prescription n'ait pu courir, comme un mineur, il aura conservé le droit de tous les autres. » Il l'aura donc conservé, d'une façon non point éventuelle, subordonnée aux hasards d'un partage, mais permanente ; c'est-à-dire que l'immeuble devra entrer dans la composition des lots libre de toute servitude. Autrement le mineur n'aurait sauvegardé ni le droit de ses copartageants, ni même son propre droit, puisque, le propriétaire de l'immeuble grevé aurait contre lui un recours en garantie, si l'établissement de la servitude venait à être reconnu, par suite de la non-suspension de la prescription. Telles sont les raisons pour lesquelles nous ne pouvons admettre la doctrine de la Cour de cassation.

Quel est le point de départ de la possession des servitudes continues et apparentes? La possession des servitudes diffère grandement de la possession des choses corporelles. Celle-ci se manifeste par une détention effective et matérielle, celle-là consiste dans l'exercice du droit, dans sa jouissance. Or, dans les servitudes dont nous nous occupons, la jouissance est indépendante du fait de l'homme, elle se manifeste par l'établissement des travaux, qui décèlent la servitude et lui donnent son caractère de continuité et d'apparence. La possession ne commence donc qu'à partir du jour où les travaux ont été terminés, mais elle commence dès ce jour, soit qu'ils aient été ou non utilisés par l'exercice effectif du droit. Ainsi la possession d'une servitude d'aqueduc aura pour point de départ l'achèvement de la conduite, bien que l'eau n'y ait pas encore pénétré, et cela parce que les servitudes continues s'exercent d'elles-mêmes. On voit par là que les ouvrages apparents jouent dans la prescription des servitudes un rôle considérable. Ces ouvrages peuvent être établis soit sur le fonds servant, soit sur le fonds dominant, suivant que le comporte l'espèce d'assujettissement qu'il s'agit de constituer. Il est vrai que la jurisprudence décide, sur l'article 643, que les travaux qui peuvent faire acquérir par prescription un droit à l'écoulement des eaux contre le propriétaire d'une source doivent être faits sur le fonds même, où naît cette source, c'est-à-dire sur l'héritage servant. Mais nous ne pensons pas que cette décision puisse être généralisée. Aucun texte ne l'établit et de plus il faut remarquer que dans certains cas, les travaux devront forcément être exécutés sur l'héritage dominant. Ainsi une servitude de vue ne pourra parfois se manifester que par une ouverture pratiquée dans un mur, dépendant exclusivement de l'immeuble auquel appartiendra la vue.

Les ouvrages peuvent être établis indifféremment par le propriétaire lui-même, par un seul des co-popriétaires, si le fonds est indivis, par un fermier, un locataire, un usufruitier. Il s'agit ici non de contracter mais de posséder et les actes de possession peuvent émaner de celui qui détient simplement le fonds, comme du propriétaire, puisqu'aux termes de l'article 2228 la possession est la jouissance d'un droit que nous exerçons par nous-mêmes ou par un autre, qui l'exerce en notre nom. Inutile aussi de rechercher si le constructeur entendait travailler dans l'intérêt de l'immeuble et pour lui faire acquérir une servitude. Il suffit que les travaux existent, qu'ils soient apparents et qu'ils décèlent par eux-mêmes l'existence d'une servitude.

Pour conduire à la prescription, la possession doit, conformément à l'article 2229 être paisible, publique, non équivoque, à titre non précaire, continue et non interrompue.

Elle doit être paisible, car la violence ne peut fonder qu'une possession vicieuse, qui devient utile à partir seulement de la disparition du vice dont elle est entachée.

La condition de publicité est le plus souvent réalisée par le fait de l'existence des travaux apparents. Il peut cependant se présenter des cas où l'apparence ne suffit pas pour établir la publicité. Ainsi, lorsqu'un propriétaire obligé par l'article 676 d'avoir un châssis à verre dormant, le pratique d'une manière mobile, mais sans l'ouvrir habituellement, afin que son voisin puisse croire qu'il reste dans les termes de la loi, la possession est clandestine, malgré l'apparence dos travaux, et la vue libre ne peut être acquise par prescription. (Cass. 1er mars 1831). On voit que tout se réduit ici à une question de fait.

La possession ne doit pas être équivoque, c'est-à-dire qu'il ne peut subsister de doute sur les effets qu'entend y attacher celui qui l'exerce. Ainsi, supposons qu'un fermier ait pratiqué sur le fonds, qui lui est affermé, une conduite d'eau, au profit d'un autre fonds, qui lui appartient, et que cet état de choses ait duré plus de 30 ans. Dans cette hypothèse, M. Duranton considère avec raison comme équivoque la possession de la servitude de prise d'eau, car, fait-il observer, on ne peut dire avec certitude si le fermier en envoyant cette eau sur son fonds, en a joui comme ayant un droit de servitude sur l'héritage affermé, ou s'il en a fait, comme fermier et par conséquent à titre précaire, l'usage qui lui a paru le plus avantageux. Pour que la possession devint utile, il faudrait que le fermier signifiât au propriétaire son intention de jouir de la conduite à titre de servitude.

La précarité joue un grand rôle dans notre matière. On sait, que si le droit des pays de coutumes repoussait l'acquisition des servitudes par prescription, c'était par suite d'une présomption de précarité, attachée indistinctement à leur possession. On sait aussi que cette présomption a été maintenue dans notre droit nouveau en ce qui concerne les servitudes discontinues. Au contraire, quand il s'agit de services continus et apparents, le législateur suppose avec raison que leur exercice ne procède point d'une pure tolérance, de la part du propriétaire voisin. Mais ce n'est pas à dire que la possession, dans ce cas, ne puisse jamais être entachée de précarité. Ces servitudes n'en tombent pas moins, dans certaines hypothèses, sous le coup de l'article 2232 aux termes duquel les actes de simple tolérance ne peuvent fonder ni possession, ni prescription. Tout dépend des circonstances. Le juge pourra déclarer que telle servitude, malgré sa continuité et son apparence, a été possédée précairement et cela soit à raison du mode de ses manifestations, soit à raison des rapports de bon voisinage et des liens de familiarité qui existaient entre les parties intéressées. Il est d'ailleurs évident qu'on ne peut poser *a priori* les limites de la précarité et qu'il s'agit encore ici d'une question de fait, entièrement soumise à l'appréciation des tribunaux. C'est ainsi que la Cour de Cassation a décidé que le droit du propriétaire, sur l'héritage duquel avancent les branches des arbres du voisin, de contraindre ce dernier à les couper constitue une simple faculté, dont le non-exercice n'est qu'une tolérance de bon voisinage. (Cass. 0 Juillet 1867.) De même, il a été jugé que l'existence de barrières sur un chemin ne prouvait pas que celui qui les avait établies jouissait d'un droit de servitude ; les juges du fait ayant re-

connu que la commune avait toléré les barrières
pour faciliter la garde du bétail au pâturage.
(Cass. 15 Juin 1868).

La question de précarité peut aussi se poser
en droit. Lorsque celui qui exerce sur le fonds
de son voisin une servitude continue et apparente a reconnu par écrit que sa possession n'é-
tait que de simple tolérance, cette reconnaissance
forme un obstacle perpétuel à la prescription
acquisitive de la servitude. Par ce seul fait la
possession est devenue précaire. Elle ne s'exerce
plus *animo domini*, à titre de propriétaire, mais
reste le résultat, l'acte de reconnaissance l'at-
teste, d'une pure tolérance de la part du voisin,
qui se réserve le droit de la faire cesser à sa première réquisition. La possession n'a plus ce
caractère d'indépendance qui seul peut le rendre
susceptible de fonder une prescription et le
possesseur n'est qu'un concessionnaire révo-
cable. (Cass. 14 Juin 1852). On a soutenu
cependant que la reconnaissance n'avait d'autre
effet que d'interrompre la prescription, qui aussitôt après recommence à courir, car, d'une part,
aux termes de l'article 2248, la reconnaissance
que le possesseur fait du droit de celui contre
lequel il prescrit ne constitue qu'une interruption
de prescription, et de l'autre l'article 2240 interdit de renoncer par avance à la prescription.
Mais, répondrons-nous, celui qui confesse que
sa possession est de pure tolérance, fait bien

plus que de reconnaître le droit de son voisin à
la liberté du fonds; il avoue de plus que sa possession est vicieuse, entachée de précarité, et
du moment qu'elle est vicieuse, elle reste im-
puissante à le conduire à la prescription, par
quelque laps de temps que ce soit. On objecte
que la reconaissance serait, dans notre système,
une renonciation à la prescription. Non. Il n'y a
aucune analogie entre la renonciation et la reconnaissance. La renonciation se produit, lorsque toutes les conditions requises pour la prescription sont susceptibles de se trouver réunies.
Autrement dit, le possesseur renonce à la prescription dans la supposition qu'il pourrait s'en
prévaloir. Il n'y renonce point au contraire par
la reconnaissance, mais avoue qu'elle ne peut
s'accomplir, parce que sa possession ne réunit pas
les conditions requises, parce qu'elle est précaire.
Ajoutons qu'il est à peine besoin d'insister sur
l'utilité pratique de ces reconnaissances et sur
les effets désastreux du système, qui ne les déclare point exclusives de la prescription. Un
propriétaire tolérera facilement sur son terrain
l'exercice d'une servitude, s'il peut se réserver
le moyen de la faire disparaître, quand elle lui
deviendra préjudiciable. Supprimez ce moyen,
en déclarant que l'acte de reconnaissance ne fera
point obstacle à la prescription acquisitive, et
vous supprimerez par là même ces concessions
si fréquentes, si désirables entre voisins, ou vous

rendrez victime de sa bonne foi et de sa con-
fiance celui qui les aura consenties.

L'acte de reconnaissance peut être opposé à
un successeur à titre universel ou à titre particulier de celui de qui il émane. Le successeur à
titre universel ne pourra prescrire la servitude,
puisque la possession de son auteur était vicieuse
et qu'il succède à ses obligations. Il n'en est
pas de même du successeur à titre particulier
qui ne représente point son auteur. Sans doute,
il ne pourra joindre à la sienne la précédente
possession entachée de précarité, mais rien ne
l'empêche de commencer une nouvelle prescription et d'acquérir la servitude, après trente ans
d'exercice, à partir de son entrée en jouissance.
L'acte de reconnaissance ne lui est du reste opposable que s'il a reçu date certaine antérieurement à son contrat d'acquisition.

La continuité de la possession se manifeste
par la persévérance des travaux établis; car
ceux-ci conservent par eux seuls la possession de
la servitude. Ils doivent donc rester tels qu'ils ont
été effectués, et la possession ne serait pas continue, s'ils étaient déplacés et exécutés d'abord
sur un point, puis sur un autre de l'héritage dominant ou servant. Dans ce dernier cas, il y aurait plutôt jouissance successive de deux servitudes, dont l'une peut être plus ou moins onéreuse que l'autre pour la propriété voisine. D'où
impossibilité de joindre les deux périodes de la

possession, pour arriver à l'établissement du droit par prescription. Tel est le principe. Mais il est évident que si le changement apporté dans les travaux était de peu d'importance, s'il était reconnu en fait que ce changement n'a pas influé sur la servitude en elle-même, qui est restée ce qu'elle était auparavant, la possession ne pourrait être taxée de discontinue. Ainsi, supposons que pendant trente ans il y ait eu jouissance d'une prise d'eau sur un étang, au moyen d'ouvrage apparent, mais que dans l'intervalle le canal creusé pour faciliter la chute de l'eau ait été déplacé de quelques mètres, dans l'intérêt soit du fonds dominant, soit même du fonds servant, la servitude de prise d'eau n'en aura pas moins été prescrite acquisitivement.

Enfin, pour que la prescription puisse s'accomplir, il faut, conformément à l'article 2242, que la possession n'ait pas été interrompue soit naturellement, soit civilement.

Quant au temps requis, nous savons qu'il a été fixé invariablement à trente ans par l'article 691.

IV. Aux termes de l'art. 708, le mode de la servitude peut se prescrire comme la servitude elle-même et de la même manière. Bien que cet article soit placé sous la section qui traite de l'extinction des servitudes, on décide généralement qu'il est applicable par analogie à la prescription acquisitive de ces droits réels, et que si une servitude peut être établie par la possession trentenaire, cette même possession doit *a fortiori* pouvoir procurer au propriétaire de l'héritage dominant un mode d'exercice plus avantageux. Il résulte d'ailleurs de cette idée qu'il est essentiel de distinguer à cet égard entre les servitudes susceptibles ou non de s'acquérir par prescription.

Les servitudes discontinues apparentes, ou non apparentes, qui ne peuvent s'établir par prescription, ne sauraient être par la possession ni aggravées, ni modifiées dans leur exercice. Ainsi, je vous concède le droit de passer à pied sur mon terrain, et pendant 30 ans vous y passez à cheval ou en voiture. Vous n'aurez rien acquis de plus que votre passage à pied, et je resterai toujours maître de vous contraindre à vous y renfermer, car il s'agit ici d'une servitude discontinue dont l'aggravation est aussi imprescriptible que le droit lui-même. Faut-il donner la même décision, en ce qui concerne la détermination de l'endroit par lequel la servitude doit s'exercer? Non, évidemment, si le titre constitutif tout en indiquant, par exemple, l'existence d'un droit de passage, de puisage, ne précise point d'une manière suffisante le lieu de son exercice. Dans ce cas, la jouissance pendant 30 ans et au même endroit pourra être considérée comme interprétative de la volonté des parties, et l'obscurité du titre sera pleinement dissipée par cette possession, qui n'a pu se continuer si longtemps que du commun accord des intéressés. Mais la question devient beaucoup plus délicate, si on suppose que le titre constitutif détermine d'une façon précise le point où le passage doit s'effectuer, et que le propriétaire de l'héritage dominant ait, pendant 30 ans, passé par un autre endroit. Dans cette hypothèse, la plupart des auteurs enseignent que d'une part, le nouveau mode, le nouveau lieu de passage n'est pas acquis par prescription. Ce dernier point est incontestable, dit M. Duranton, puisque la servitude de passage est discontinue. Et ils décident que d'autre part, l'ancien mode est éteint par le non-usage prolongé pendant 30 ans, en sorte que la servitude disparaît, bien qu'en réalité son exercice ait été non-suspendu mais simplement déplacé. Cette solution est très-rigoureuse, mais elle nous semble absolument commandée par les principes, puisqu'il est constant que le propriétaire de l'héritage dominant n'a pas joui de la servitude, telle qu'elle a été constituée et qu'il n'a pu prescrire ce dont il a joui. *Non fecit quod potuit sed fecit quod non potuit.* Cependant, la jurisprudence la rejette généralement et décide que la jouissance a pour effet de déplacer l'assignation primitive et de la reporter sur le lieu où le droit s'exerce depuis 30 ans. En tout cas, cette doctrine ne saurait être admise qu'en tenant compte d'un tempérament proposé par M. De-

molombe, suivant une distinction très-subtile.
M. Demolombe distingue deux hypothèses : ou
l'assignation soit de lieu, soit de temps, déterminée pour l'exercice de la servitude, est limitative et forme un des éléments constitutifs et essentiels du droit lui-même ; ou, au contraire,
cette assignation est purement démonstrative et
réglementaire et n'a eu, dans l'intention des parties, que le but secondaire de déterminer l'exercice du droit. Dans la première hypothèse, le
savant auteur reconnaît que la servitude est
éteinte, si son mode d'exercice a été changé
pendant 30 ans, car l'assignation de lieu ou de
temps formant un des éléments essentiels du
droit, il est vrai de dire que c'est une servitude
différente qui a été exercée et une servitude qui
n'a pu être acquise par prescription, tandis que
celle concédée reste éteinte par le non-usage.
Au contraire, dans la seconde hypothèse, l'assignation étant purement démonstrative et réglementaire, M. Demolombe n'admet pas que la
servitude puisse être considérée comme éteinte,
parce que, dit-il, dans l'espèce, on en a usé. On
en a usé, car l'indication du lieu ou du temps,
n'est, on le suppose, que secondaire, accessoire
et simplement énonciative ; elle ne forme pas
dans l'intention des parties un des éléments constitutifs et essentiels de la servitude elle-même,
de telle sorte que c'est la servitude, la même servitude qui a été établie par le titre que l'on a

exercée, encore bien qu'on l'ait exercée sur un
autre lieu ou dans un autre temps. Supposez,
ajoute-t-il, que le titre ne renferme aucune indication à l'égard du lieu ou du temps, est-ce que
l'usage de la servitude n'aura pas pour résultat
de déterminer cette assignation, en faisant présumer une convention des parties à cet égard?
L'usage doit donc pouvoir également opérer un
changement de ce lieu ou de ce temps, car il
fait présumer également, dans ce dernier cas,
une nouvelle convention des parties, ou plutôt
un règlement nouveau sur l'exercice de la servitude. Mais, sur ce dernier point, on peut faire
observer que les deux situations rapprochées par
M. Demolombe sont loin d'être identiques. Lorsque le titre constitutif ne détermine point le lieu
de l'exercice, comme cet exercice doit nécessairement porter sur un point quelconque du fonds
servant, il est évident que les parties ont dû
s'expliquer là-dessus soit expressément, soit tacitement, et on peut supposer qu'elles ont sanc-
tionné, au moins tacitement, l'assignation de
lieu établie par 30 ans de jouissance. Mais, lorsque le titre précise l'endroit par où s'effectuera
le passage, rien, sauf la possession, n'indique
qu'une nouvelle convention soit intervenue entre
les intéressés, et cette possession que la loi présume précaire, de pure tolérance quand elle a
trait à l'existence même du droit, ne revêt-elle
pas le même caractère, appliquée à ses modifi-

cations? Reste d'ailleurs la difficulté de distinguer l'assignation limitative et formant, comme le dit M. Demolombe, un des éléments essentiels du droit, de l'assignation simplement démonstrative et réglementaire. Cette difficulté est grande et montre bien toute la subtilité de la distinction. M. Demolombe, tout en déclarant que c'est là une question de fait, pose à ce sujet des règles qui nous semblent arbitraires. Il vaut donc mieux, croyons-nous, s'en tenir à la solution qui découle forcément du système du Code et reconnaître que la servitude est éteinte dans tous les cas par suite du non-usage.

Les servitudes continues et apparentes, qui peuvent s'établir par la prescription, sont *a fortiori* susceptibles d'être modifiées par le même moyen. Et cela est vrai, alors même qu'il existe un titre constitutif, qui décrit soigneusement la manière d'être de la servitude. Ainsi un propriétaire acquiert, par titre, le droit de pratiquer deux fenêtres avec vue sur le fonds de son voisin; il en ouvre trois et possède pendant trente ans la servitude d'aspect ainsi manifestée. Au bout de ces trente ans, il aura prescrit acquisitivement le droit de conserver les trois fenêtres, et le maître de l'héritage servant ne pourra le contraindre à se renfermer dans les conditions de l'acte constitutif. On objecte qu'aux termes de l'art. 2240, on ne peut prescrire contre son titre. Mais l'art. 2240, qui pose cette règle, l'explique en même temps. On ne peut, dit-il, prescrire contre son titre, en ce sens qu'on ne peut se changer à soi-même la cause et le principe de sa possession. Or, il ne s'agit pas, dans notre hypothèse, de prescrire contre son titre dans le sens spécifié par l'article, mais de prescrire au delà de son titre, ce qui est possible, puisque la possession, en matière de servitudes continues et apparentes, engendre l'acquisition par prescription. Il est évident d'ailleurs que cette possession doit réunir les conditions requises pour l'établissement du droit lui-même.

Remarquons enfin, pour terminer ce que nous avons à dire sur la prescription, que si les servitudes discontinues, apparentes ou non apparentes, ne peuvent être établies par la possession trentenaire, rien ne s'oppose à ce qu'on acquiert par prescription la propriété ou la copropriété du terrain sur lequel elles s'exercent. Ainsi le propriétaire qui serait mal fondé à se déclarer titulaire d'une servitude de passage, en se basant sur ce seul fait qu'il en jouit depuis plus de trente ans, pourrait revendiquer la propriété ou la copropriété du chemin par lequel il a passé. Mais pour cela il doit établir qu'il a possédé ce chemin *à titre de propriétaire*, et la difficulté sera souvent grande de distinguer les actes de possession qui révèlent un droit de propiété, de ceux qui annoncent simplement un droit de servitude. On ne peut, en effet, songer à utiliser, pour l'ac-

quisition de la propriété, la même possession
que la loi déclare précaire, quand il s'agit de la
prescription d'une servitude. Les juges, d'ailleurs, en apprécieront souverainement le caractère. Ainsi, dans notre espèce, le chemin devra
être déclaré commun, si des faits suffisants de
possession *animo domini* peuvent être constatés,
s'il est établi, par exemple, que celui qui en revendique la copropriété a toujours contribué aux
réparations exigées pour son entretien, a recuelli
les fruits provenant de plantations faites sur ses
bords.

CHAPITRE TROISIÈME.

DE L'ÉTABLISSEMENT DES SERVITUDES PAR LA DESTINATION DU PÈRE DE FAMILLE.

I. Aux termes de l'art. 692 : « La destination
du père de famille vaut titre à l'égard des servitudes continues et apparentes. » Qu'entend-on
par destination du père de famille ? En quel sens
dit-on que cette destination vaut titre ?

Deux héritages appartiennent au même propriétaire. Ce propriétaire établit entre eux une
relation telle qu'elle constituerait une servitude,

si les deux fonds avaient des maîtres différents. Par exemple, dans l'un d'eux, il pratique des fenêtres qui ont vue sur l'autre, ou bien, à l'aide d'un aqueduc, il conduit sur l'un de ces héritages l'eau d'une source qui appartient à l'autre. Tant que les deux immeubles sont réunis dans la même main, il ne saurait être question de servitudes, puisque nul ne peut avoir un pareil droit sur sa propre chose. On ne peut voir dans cette relation qu'un arrangement établi par le propriétaire pour la commodité de son exploitation, qu'un exercice de son droit de propriété, enfin qu'une *destination* assignée à son bien *par le père de famille*. Mais supposons que ces fonds viennent à être séparés, que le propriétaire se défasse de l'un d'eux par un mode quelconque de disposition, le service auquel le premier était assujetti envers le second subsistera-t-il après leur passage en des mains différentes? Pas de difficulté, si l'acte d'aliénation s'explique à cet égard; et, s'il garde le silence, on sent qu'on se trouve en face d'une simple interprétation de la volonté des contractants. Eh bien! lorsque la relation établie entre les deux fonds réunit certaines conditions que nous nous réservons d'examiner, la loi interprète elle-même la volonté des parties, et suppose qu'il a été tacitement convenu entre elles, que cette relation, jusqu'alors arrangement purement facultatif, destination donnée à son fonds par le propriétaire, deviendra une véritable servitude, après la séparation des deux héritages. C'est en ce sens que le Code nous dit que la destination du père de famille vaut titre, équivaut à un titre exprès, en vertu de la maxime *eadem vis taciti atque expressi*.

Cette thèse de l'établissement par destination du père de famille a toujours été entourée de beaucoup d'incertitudes et d'obscurités. En droit romain, d'après la doctrine généralement admise, la destination du père de famille était rejetée comme mode de constitution. C'est ce qui résulte nettement d'un passage d'Ulpien, qui forme la loi 10, D., *Communia præd*. Dans notre ancienne jurisprudence, les pays de droit écrit suivirent à cet égard la tradition romaine. Dans les pays de coutumes, au contraire, lors de la première rédaction des usages relatifs aux servitudes, l'établissement par destination du père de famille fut consacré, et l'art. 96 de l'ancienne coutume de Paris posa en ces termes le principe de la constitution tacite : *Par ladite coutume, disposition ou destination du père de famille vaut titre*. Mais il se produisit ensuite une tendance contraire, due sans doute à l'influence du droit romain, et lors de la réformation de la coutume de Paris, en 1580, les rédacteurs, tout en maintenant la destination du père de famille comme mode de constitution des servitudes, la subordonnèrent à une condition qui, à vrai dire, n'en est que la négation. L'ar-

ticle 91 fut remplacé par les art. 215 et 216 ainsi
conçus : « Art. 215. Quand un père de famille
« met hors ses mains partie de sa maison, il doit
« spécialement déclarer quelles servitudes il re-
« tient sur l'héritage qu'il met hors ses mains,
« ou qu'il institue sur le sien. Il les faut nommé-
« ment et spécialement déclarer, tant pour l'en-
« droit, grandeur, hauteur, mesure qu'espèce
« de servitude; autrement toutes constitutions
« générales de servitudes, sans les déclarer
« comme dessus ne valent. » Art. 216 : « Desti-
« nation du père de famille vaut titre *quand elle*
« *est ou a été par écrit et non autrement.* » Ainsi, il
fallait un écrit pour les servitudes qui ne sont
que la consécration de l'ancien état des lieux,
comme pour celles qui, lors de la séparation des
héritages, naissent par la volonté expresse des
parties. C'était en réalité supprimer la destination du père de famille, et Duplessis, sur le titre IX des servitudes, L. 1, p. 370, après avoir
dit que la règle nulle servitude sans titre avait
toujours eu lieu, tant dans l'ancienne que dans
la nouvelle coutume, s'exprimait ainsi : « L'an-
« cienne faisait une exception, savoir que la des-
« tination du père de famille valait titre; mais
« la nouvelle coutume y a ajouté ces mots :
« quand elle est ou a été par titre et non autre-
« ment ; ce qui est autant que si on avait entiè-
« rement rayé l'article, puisqu'il se trouve ainsi
« que la destination du père de famille pour

« constituer une servitude ne sert de rien, et
« qu'il en faut toujours un titre par écrit. » Quant
aux autres coutumes, les unes comme la coutume
d'Orléans avaient reproduit la disposition de la
nouvelle coutume de Paris, d'autres mention-
naient au contraire la destination du père de famille, sans exiger d'actes écrits ; quelques-unes
enfin étaient muettes. Sur ces dernières, on discutait vivement la question de savoir s'il fallait
rejeter ce mode de constitution ou l'admettre
suivant telles ou telles conditions ; et, dans ce
dernier cas, on se demandait encore si on devait ou non leur appliquer le droit de la coutume
de Paris. Tout était donc incertitude en cette
matière. Le Parlement de Paris appliquait généralement à la lettre, le texte de la nouvelle coutume, qui exigeait un acte écrit ; mais dans un
arrêt célèbre du 29 mars 1760, sur l'appel d'un
acheteur contraint par son vendeur de supprimer les servitudes existant par destination lors
de la vente, il déclara le contrat nul et résilié
pour cause de lésion, si mieux n'aimait le vendeur laisser subsister les fenêtres objet du litige.
C'était rendre toute sa force à l'établissement
par destination du père de famille, même sans
écrit, en ce sens qu'on mettait tout vendeur dans
l'alternative de voir son contrat annulé, ou de
supporter l'exercice des servitudes qui n'avaient
d'autre fondement que leur existence antérieure.
à titre de destination du propriétaire.

Les auteurs du Code civil se sont flattés de faire disparaître toutes ces obscurités. Le tribun Albisson, en exposant au tribunat les anciennes controverses en cette matière disait : que le projet s'expliquait nettement sur tout cela ; et un autre orateur le tribun Gillet après avoir fait remarquer que toute la matière de la prescription des servitudes avait pu être ramenée facilement à quelques termes simples, ajoutait : « on re-« trouve le même caractère dans les articles 692, « 693, 694, qui indiquent à quels signes on peut « reconnaître la destination du père de famille. » Mais ces espérances ont été déçues. Ces trois articles n'ont pas cessé d'être l'objet des plus vives controverses, et ils renferment une véritable énigme juridique dont la pénétration des interprètes n'a pu encore avoir raison. Nous allons les étudier successivement, en commençant par l'article 693, indicatif des conditions requises par le législateur pour qu'il y ait destination du père de famille

II. « Il n'y a destination du père de famille « que lorsqu'il est prouvé que les deux fonds ac-« tuellement divisés ont appartenu au même « propriétaire, et que c'est par lui que les cho-« ses ont été mises dans l'état duquel résulte « la servitude. (Art. 693.) »

Ainsi donc l'arrangement, qui deviendra servitude, doit émaner du propriétaire. Telle est la première condition requise. Le propriétaire seul en effet, en mettant un des fonds au service de l'autre, peut avoir cette idée de perpétuité qui ne se sépare pas de l'idée de destination. Tout possesseur, tout détenteur précaire, fermier locataire, usufruitier, n'a aucune qualité pour établir cette destination, à titre définitif. Il faut de plus que le propriétaire ait eu lui-même l'intention de faire un arrangement permanent et perpétuel. Le Code n'énonce pas cette condition, mais comme l'a fait remarquer le rapporteur du Tribunat, il n'en était pas besoin, parce qu'elle est une conséquence nécessaire de l'ensemble de la théorie. La servitude, démembrement de la propriété, est permanente comme la propriété elle-même et dès lors la cause qui lui donne naissance doit revêtir le même caractère. Qui dit destination dit perpétuité.

Nous retrouvons le même mot et la même idée dans les art. 517, 524, 525, qui considèrent comme immeubles par destination les effets que le propriétaire d'un fonds y a attachés à perpétuelle demeure. De même que les glaces encadrées dans un parquet qui fait corps avec la boiserie (art. 525), sont comprises dans la vente ou le partage d'une maison, de même les services existant entre deux fonds qui appartiennent au même propriétaire, sont compris soit activement, soit passivement, dans la vente ou le partage de l'un de ces fonds. Dans l'un et l'autre cas, il y a un arrangement perpétuel de la propriété, destiné à survivre à toutes les transactions qui auront l'immeuble pour objet, dans l'un et l'autre cas, et c'est la justification de l'établissement par destination du père de famille, cet immeuble passe aux mains de son nouvel acquéreur, tel qu'il existait, avec toutes les modifications qui constituaient sa manière d'être, *cum sua causa*. Ainsi, pour revenir à notre point de départ, il faudra toujours examiner si l'état des lieux d'où naît la servitude, est bien un état permanent, ou s'il ne forme qu'un arrangement passager et accidentel, motivé par des relations toutes personnelles, soit de famille, soit de bon voisinage. C'est là une circonstance de fait dont l'appréciation appartient aux tribunaux.

L'art. 693 semble exiger la présence de deux héritages distincts, entre lesquels les services doivent avoir été établis par le propriétaire. Mais il n'existe aucune raison de prendre ce texte à la lettre et la destination du père de famille peut être invoquée, alors même que le propriétaire n'aurait eu entre les mains qu'un seul et unique fonds, dont il vend l'une des parties après l'avoir assujettie envers l'autre. Il en était ainsi dans nos anciennes coutumes (Comp. cout. de Paris, art. 225; d'Orléans, art. 228; de Normandie, art. 619). De plus, il importe peu que la relation, dont il s'agit, ait été établie entre deux fonds distincts, ou bien entre les deux parties d'un seul et même fonds. Si cette relation doit être maintenue, après l'aliénation d'un des héritages ou d'une des parties de l'héritage unique, c'est par suite d'une pure interprétation de la volonté des contractants et cette interprétation a la même raison d'être dans un cas, comme dans l'autre. La disposition de l'art. 693 n'est qu'une simple énonciation qui n'a rien de restrictif. Le législateur s'est sans doute placé au moment de la séparation, dont l'effet est toujours de créer deux immeubles distincts.

Nous croyons aussi, malgré les termes du Code, qu'il n'est pas nécessaire que l'état des lieux ait été établi pendant que les deux fonds se trouvaient réunis dans la main du même propriétaire, il suffit que cet état soit antérieur à l'acte juridique qui les sépare. Cependant, un parti, considérable dans la doctrine, repousse cette interprétation et s'en tient à la lettre de l'art. 693, suivant laquelle il n'y a destination du père de famille que lorsque les choses ont été mises par le propriétaire lui-même dans l'état duquel résulte la servitude. Nous pensons que c'est là méconnaître le véritable esprit de l'article 693. L'établissement par destination du père de famille est uniquement basé sur ce fait, que, au moment de la séparation des deux héritages, il existait entre eux une relation qui constituait leur manière d'être, et qui a été tacitement acceptée comme telle par les parties.

Qu'importe donc que cette relation provienne du vendeur lui-même ou des précédents propriétaires de l'immeuble vendu. Il suffit qu'elle ait existé au moment du contrat, puisque c'est de l'état respectif des lieux à ce moment même que résulte la destination du père de famille. C'est tout ce qu'a voulu dire l'art. 693. D'ailleurs, le vendeur actuel, en maintenant l'assujettissement établi par un précédent propriétaire, en a, par là même, reconnu l'utilité, et se l'est ainsi véritablement approprié. C'est moins son fait que son intention qu'il importe de considérer. Telle était bien la doctrine de Pothier, qui (sur l'art. 228 de la Coutume d'Orléans) voulait seulement « que l'on prouvât que la fenêtre ou l'égout exis-
« taient dès le temps que les deux maisons appar-
« tenaient au même maître. »

La servitude prend naissance au moment où les fonds sont divisés, et cela, quelle que soit la cause de cette division : qu'elle s'opère en vertu d'un titre onéreux ou gratuit, par vente, échange, partage ou donation, il n'importe, le législateur ne s'est attaché qu'au fait même de la division. La vente forcée elle-même n'exclut pas la constitution de la servitude par destination, puisque les créanciers qui font vendre ne sont que les mandataires du propriétaire leur débiteur (Cassation, 30 nov. 1853). Il n'y a pas non plus à distinguer si l'aliénation ou l'acquisition émanent d'un propriétaire unique ou de plusieurs copropriétaires; si cette aliénation est directe ou ne comprend l'héritage cédé que par voie de conséquence (Toulouse, 6 janv. 1844; Cass., 17 nov. 1847); si les services qui, par la séparation des deux héritages, vont se transformer en servitudes, sont ou ne sont pas réciproques.

C'est à celui qui invoque la destination du père de famille qu'il appartient d'établir l'existence des conditions requises par l'art. 693. Il doit donc prouver, selon le texte, que les fonds actuellement divisés ont appartenu au même propriétaire, et que c'est par lui que les choses ont été mises ou laissées dans l'état duquel résulte la servitude. Nous savons que, dans l'ancien droit, d'après la coutume de Paris, cette preuve de la destination du père de famille devait être faite par écrit, et nous avons dit un mot des incertitudes de l'ancienne doctrine à ce sujet. Nos législateurs, en ne reproduisant pas la disposition de la coutume de Paris, ont entendu soumettre au régime du droit commun la double preuve exigée par l'art. 693. Or, comme il s'agit ici de faits purement matériels qui, comme tels, échappent à l'application des art. 1341 et suivants, la preuve testimoniale est toujours admissible, quelle que soit, d'ailleurs, l'importance du litige. On a cependant soutenu que, en ce qui concerne la réunion des deux héritages dans la même main, la preuve testimoniale ne devait être admise que dans les cas prévus par les arti-

cles 1345, 1348. « Ce point, nous dit Pardessus,
« est, par sa nature, susceptible d'être prouvé
« par écrit ou par une preuve testimoniale pré-
« cédée d'un commencement de preuve par
« écrit, preuve dont l'appréciation appartient
« aux magistrats. De quelque manière que le père
« de famille ait obtenu la propriété de deux ob-
« jets, elle a dû nécessairement entrer dans ses
« mains par acquisition, donation, succession,
« ou par tout autre titre semblable. Quand même,
« ce qui est extrêmement rare, il n'existerait
« aucun titre de cette espèce, l'acte qui aurait
« fait sortir de ses mains l'un ou l'autre objet, y
« suppléerait. » Mais on a répondu, avec raison,
que, pour l'acheteur qui revendiquait la servitude, il ne s'agissait pas de prouver que le détenteur des deux héritages en était propriétaire,
mais bien qu'ils avaient été possédés à titre de
propriétaire par la même personne ; or, les faits
de possession peuvent toujours être établis par
témoins. De plus, cet acheteur n'a eu, le plus
souvent, aucun moyen de se procurer la preuve
écrite qu'on lui demande. Son titre d'acquisition, ne s'appliquant qu'à un seul des deux héritages, n'a pu contenir des indications relatives à
celui qui restait en dehors de la vente, et s'il en
avait été fait mention dans le but de constater
son état d'assujettissement, nous nous trouve-
rions dans l'hypothèse d'une servitude constituée

par titre, et non, comme c'est notre cas, par destination du père de famille.

III. Quelles servitudes peuvent s'établir par destination du père de famille? Aux termes de l'art. 691, cette destination ne vaut titre qu'à l'égard des servitudes continues et apparentes. La condition d'apparence se justifie d'elle-même. Le mode de constitution dont nous nous occupons est basé sur le consentement tacite des parties intéressées, qui intervient au moment où s'opère la division des héritages, dont l'un est assujetti envers l'autre à de certains services. Mais la partie qui acquiert est restée étrangère à l'établissement de ces services. Elle doit cependant les connaître, pour qu'on puisse sous-entendre sa volonté de les maintenir; il faut donc qu'ils lui soient révélés par des signes extérieurs, qu'ils soient apparents. Quant à la condition de continuité, le législateur, en l'imposant, a sans doute été dominé, comme en matière de prescription, par cette idée que les relations qui s'annoncent comme discontinues ne sont généralement maintenues qu'à titre de tolérance. Dans ce cas, il y avait au moins doute sur l'intention des parties, et ce doute a été résolu dans le sens de la liberté des héritages.

Ainsi les servitudes de conduite d'eau, d'égout, de vue, peuvent résulter de la destination du père de famille, tandis qu'une servitude non apparente, comme la servitude *non ædificandi vel altius non tollendi* ne comporte point ce mode d'acquisition. Nous citons cette dernière, parce qu'on a soutenu que, si elle n'était pas susceptible d'une constitution directe par destination du père de famille, elle pouvait au moins être reconnue comme conséquence d'une servitude de vue établie par cette destination. Voici l'espèce : L'acquéreur d'un immeuble avait stipulé le droit de conserver sur l'immeuble contigu, appartenant également à son vendeur, des croisées destinées à donner à sa propriété de l'air et de la lumière. Il faisait résulter de cette clause une servitude *non œdificandi*, qui se trouvait ainsi établie par convention, et il ajoutait qu'en tout cas, la seule existence de fenêtres ouvertes sur l'un des deux fonds séparés par la vente, constituait, à l'égard de cette servitude, le signe apparent exigé par l'art. 692 et permettait l'établissement par destination du père de famille. Cette argumentation n'a pas été admise. D'abord, en ce qui concerne la convention, il a été répondu que la clause invoquée impliquait uniquement l'existence d'une vue droite et qui, comme telle, permettait au propriétaire de l'héritage servant de bâtir à la distance fixée par l'art. 678. Et, du moment que la servitude *non œdificandi* n'était pas reconnue comme une conséquence directe du maintien des fenêtres réservées dans l'acte de vente, il n'était pas possible, puisqu'elle était de sa nature non apparente, de la déclarer acquise par desti-

nation du père de famille (Cass., 5 août 1862).
En somme, il s'agissait uniquement de savoir,
si le droit de conserver des fenêtres sur un fonds
contigu impliquait la prohibition de bâtir, constitutive de la servitude *non ædificandi*. L'arrêt
précité n'a fait que se conformer à une jurisprudence constante, d'après laquelle la servitude de
vue, à la différence de celle de ne point bâtir,
laisse au propriétaire du fonds servant la faculté
de construire à la distance déterminée par l'article 678.

Nous venons de voir qu'aux termes de l'article
692, les servitudes continues et apparentes peuvent seules s'établir par la destination du père de
famille. Voici maintenant ce que nous apprend
l'art. 694 : « Si le propriétaire de deux héritages
entre lesquels il existe un signe apparent de servitude, dispose de l'un des héritages, sans que le
contrat contienne aucune convention relative à
a servitude, elle continue d'exister, activement
ou passivement, en faveur du fonds aliéné ou sur
le fonds aliéné. » Ainsi, tandis que l'article 692
exige la double condition de l'apparence et de la
continuité, l'article 694 se contente de l'apparence. Ces deux articles semblent donc se con-
tredire formellement, et les commentateurs ont
présenté pour les concilier les explications les
plus diverses.

On a enseigné d'abord que l'article 694 n'était
que la suite, le développement de l'article 692 et

son application dans un cas spécial. Il ne faudrait y voir qu'un simple exemple, en quelque sorte une décision d'espèce, à l'imitation des jurisconsultes romains. On devrait donc appliquer à l'exemple la règle posée dans l'article 692, et suppléer ainsi la condition de continuité omise dans l'article 694. Une autre interprétation a soutenu au contraire que le législateur dans l'article 694 avait abrogé l'article 692 et *supprimé la continuité*. Mais il est évident que ces deux explications sont l'une et l'autre trop exclusives. L'une sacrifie l'article 694 à l'article 692 et en fait un texte d'une complète inutilité. Dans la seconde, c'est l'article 692 qui est annulé, de sorte que les rédacteurs du Code, après avoir écrit cet article, l'auraient immédiatement abrogé tout en le laissant subsister. Ces idées n'ont guère trouvé créance ni dans la doctrine, ni dans la jurisprudence. On a reconnu au contraire que les articles 692 et 694 devaient chacun recevoir leur application, dans deux hypothèses parfaitement distinctes, et la discussion s'est élevée sur le trait caractéristique de l'une et l'autre de ces hypothèses.

Dans un premier système on s'est attaché à la lettre même de l'article 694. Quand, a-t-on dit, la destination émane d'un seul propriétaire qui, selon les termes de l'article, *dispose* de l'un des héritages par vente, donation, échange, il suffit pour l'établissement de la servitude qu'elle

sé révèle par des signes apparents. Si au contraire la séparation s'opère par l'effet d'un partage, entre cohéritiers ou copropriétaires, alors
il n'y a plus *disposition* et l'article 694 est hors de
cause. Il faut dans ce cas appliquer l'article 692,
aux termes duquel la servitude ne prend naissance que s'il y a à la fois continuité et apparence. Ce système s'appuie sur l'autorité de l'ancien droit qui faisait, dit-on, une distinction
analogue. Mais il est impossible de justifier la
différence qu'on veut établir entre les partages
et les actes de disposition. L'article 694 a le
même fondement que l'article 692 et il s'agit
dans les deux cas d'une simple règle de bonne
foi et d'équité. Lorsque la servitude s'est manifestée d'une façon apparente au moment de la
séparation, on présume que les parties ont entendu laisser les choses en l'état ; or cette présomption n'a-t-elle pas la même force dans le
cas de partage comme dans le cas de vente ?
Bien plus, le partage est-il autre chose au fond
qu'une vente, qu'un échange ? Quant à l'ancien
droit, il était loin d'admettre la distinction proposée avec autant d'unanimité qu'on le dit.
Pothier la répudiait, en mettant absolument sur
le même pied la séparation par vente ou par partage. « Si par la suite, nous dit-il, les maisons
» (d'abord réunies dans la même main), viennent
» à appartenir à différents maîtres, *soit par l'a-*
» *liénation que le propriétaire fera de l'une de ces*

» *maisons, soit par le partage qui se fera entre ses*
» *héritiers*, le service que l'une des maisons tire
» de l'autre, qui était destination du père de fa-
» mille, lorsque les maisons appartenaient à un
» même maître, devient une servitude que le
» propriétaire de cette maison a sur la maison
» voisine, de qui la sienne tire ce service, sans
» qu'il soit besoin que *par l'acte d'aliénation qui*
» *a été faite de l'une de ces maisons ou par le par-*
» *tage*, la servitude ait été expressément consti-
» tuée. » (Note 1 sur l'art. 228 de la coutume
d'Orléans). D'ailleurs, si dans quelques coutumes cette distinction était admise, c'était pour
aboutir à un résultat précisément contraire à
celui qu'on propose, c'était pour favoriser la destination du père de famille en cas de partage,
tandis que la doctrine que nous combattons l'admet plus difficilement dans les partages que
dans les ventes. Ce système est aujourd'hui à
peu près abandonné. Il a trouvé un instant
créance devant quelques cours d'appel, mais la
Cour de Cassation l'a toujours repoussé. (Cass.
27 Mars 1866).

D'après une seconde interprétation, les articles 692 et 693 sont seuls relatifs à la destination
du père de famille et l'art. 694, qui ne parle que
de la condition d'apparence, vise une hypothèse
toute différente. Pour qu'il y ait destination du
père de famille, disent ses partisans, il faut, conformément à l'art. 693, que l'état des lieux, d'où

résulte la servitude, ait été établi par le propriétaire lui-même et pendant que les fonds étaient
dans ses mains. Dans ce cas, l'art. 692 s'applique toujours et la servitude ne prend naissance
que si elle est continue et apparente. Tout autre
est l'hypothèse prévue par l'art. 694. Il ne s'agit
plus de destination du père de famille, à propre-
ment parler. Le législateur suppose qu'antérieurement à la réunion des deux héritages dans les
mains du même propriétaire, l'un d'eux était
grevé envers l'autre d'une servitude qui s'est
éteinte par confusion. Si ces héritages viennent
à se séparer de nouveau, la servitude renaîtra, et
comme il n'est plus question, ainsi que dans
l'espèce de l'art. 692, de créer une servitude
nouvelle, mais de faire revivre une servitude qui
existait déjà, il suffira, pour son rétablissement,
qu'elle ait été révélée par des signes apparents.
Ainsi, l'art. 694, en ne parlant que de l'apparence, ne modifie nullement l'art. 692, car il est
lui-même étranger à la destination du père de
famille et se rattache plutôt, comme modifica-
tion, à l'art. 705, aux termes duquel toute servitude est éteinte, lorsque le fonds à qui elle est
due et celui qui la doit sont réunis dans la même
main.

Cette interprétation se base principalement
sur un passage du discours prononcé par le tribun Albisson, lors de la présentation au tribunat

du titre des servitudes ; elle s'y trouve reproduite en ces termes :

« Le propriétaire de deux héritages, dont
« l'un, avant leur réunion dans sa main, devait
« un service à l'autre, vient à disposer de l'un ou
« de l'autre, sans qu'il soit fait aucune mention
« de servitude dans l'acte d'aliénation, la servi-
« tude, active ou passive, continue-t-elle d'exis-
« ter?

« On pouvait opposer, et on opposait en effet,
« que toute servitude étant éteinte, lorsque le
« fonds à qui elle est due et celui qui la doit sont
« réunis dans la même main, il était indispen-
« sable, pour la conservation de la servitude,
« qu'elle eût été réservée expressément dans
« l'acte d'aliénation.

« Mais on ne prévoyait pas le cas où la chose
« parlant d'elle-même, la réservation ne deve-
« nait plus nécessaire, et c'est ce cas que le pro-
« jet prévoit très-sagement. Ainsi, dans l'espèce
« supposée, si la chose parle d'elle-même, c'est-
« à-dire comme s'explique le projet, s'il existe
« entre les deux héritages un signe apparent de
« servitude, le silence des contractants n'empê-
« chera pas qu'elle continue d'exister, active-
« ment ou passivement, en faveur du fonds
« aliéné ou sur le fonds aliéné. » (Locré, *Législ.
civ., t. VIII, p. 305).

Ses partisans font de plus remarquer qu'elle est corroborée par le texte des art. 693 et 694.

D'abord l'art. 693 dispose qu'il n'y a destination du père de famille que lorsqu'il est prouvé que les deux fonds ont appartenu au même propriétaire, *et que c'est par lui que les choses ont été mises dans l'état duquel résulte la servitude*. Puis l'art. 694 nous dit que lors de la séparation des deux héritages, la servitude *continue d'exister* activement ou passivement. Si elle *continue d'exister*, c'est qu'apparemment elle avait pris naissance antérieurement. Le texte prévoit donc non un établissement par destination du père de famille, dont les conditions ne se rencontrent pas dans l'espèce (art. 693), mais la *continuation* d'une servitude, pour laquelle il suffit de l'existence d'un signe apparent.

Ce système, bien que soutenu par un assez grand nombre d'auteurs, n'a pas fait fortune en jurisprudence. On ne peut citer en sa faveur qu'un arrêt de la Cour de Lyon et un arrêt de cassation du 24 février 1840. Il soulève, en effet, les plus graves objections, et n'a d'autre fondement sérieux que la déclaration du tribun Albisson, dans laquelle nous ne pouvons voir autre chose qu'une opinion individuelle, que nous restons libre de rejeter, si elle nous paraît contraire au texte de la loi et aux principes généraux. Au fonds, il est impossible de justifier la différence proposée entre le cas où les services ont été établis avant la réunion des deux héritages dans la même main et celui où ils résultent de l'initiative du propriétaire lui-même pendant cette réunion. Dire qu'il n'y a destination du père de famille que dans cette dernière hypothèse, c'est méconnaître le véritable caractère de ce mode d'établissement, pur dérivé d'une présomption en vertu de laquelle les parties sont réputées laisser les choses dans l'état où elles se trouvaient au moment de la séparation. Et cet état, nous l'avons dit plus haut, il importe peu qu'il ait été établi par le propriétaire lui-même ou par son auteur, puisque ce propriétaire, en le laissant subsister, se l'est en quelque sorte approprié. Quant à l'argument tiré du texte de l'article 694, il est sans valeur. L'expression *continue d'exister* est une expression impropre, quelle que soit l'interprétation qu'on donne à l'article. Elle est impropre, car, par application de l'article 705, la servitude s'est éteinte par confusion lors de la réunion des héritages, et, si elle s'est éteinte, il est inexact de dire qu'elle continue d'exister après leur séparation. Il s'agit donc bien ici et dans tous les cas de la création d'une servitude ; c'est pourquoi notre article a été inséré sous la rubrique : De l'établissement des servitudes, et il est purement arbitraire de le rattacher à la section qui traite de l'extinction de ces droits réels. Le législateur, en disant que la servitude continue d'exister, s'est évidemment mal exprimé ; ce qui, dans sa pensée, continue d'exister, c'est l'état des lieux, mais désormais à titre de servitude et non plus comme simple destination du propriétaire. Ajoutons enfin que cette doctrine a pour résultat de mettre à la charge de la personne qui se prévaut de l'article 694, la preuve que la servitude avait une existence légale, antérieurement à la réunion des deux héritages; or, suivant cet article, il suffit de prouver qu'au moment de la séparation, il existait un signe apparent de servitude, et que le contrat ne contient à cet égard aucune convention.

Nous arrivons à un dernier système, auquel M. Demolombe a prêté l'appui de son autorité et qui a été adopté par la jurisprudence. Suivant cette interprétation, les art. 692, 693, 694, sont tous les trois relatifs à l'établissement par destination du père de famille, mais ce qui différencie l'hypothèse de l'art. 692 de celle de l'art. 694, c'est que dans le premier cas le titre qui opère la séparation des deux héritages n'est pas représenté, tandis qu'il l'est dans le second. Si ce titre n'est pas représenté, pour que la servitude résulte de la destination du père de famille, il faut, conformément à l'art. 692, qu'elle réunisse la double condition de continuité et d'apparence. Si au contraire, le titre est représenté et s'il garde le silence, il suffit pour l'établissement de la servitude qu'elle se révèle par des signes apparents. Ainsi la destination du père de famille a plus ou moins de puissance, suivant le caractère de l'assujettissement qu'il s'agit de constituer. Est-il question d'une servitude continue et apparente, cette destination fonctionne sans qu'il soit besoin d'exhiber l'acte qui a séparé les deux héritages, c'est le cas de l'art. 692. S'agit-il d'une servitude apparente mais discontinue, il faut, suivant les termes de l'art. 694, s'assurer *que le contrat ne contient aucune convention* qui y soit relative et la représentation de l'acte est dès lors indispensable.

Cette interprétation assigne donc à chacun de nos deux articles une sphère d'action parfaitement distincte, parfaitement conciliable et elle s'harmonise heureusement avec leur texte. Elle est de plus conforme à l'idée, que le législateur s'est faite de la continuité et de la discontinuité. Nous savons qu'il a toujours considéré les servitudes discontinues comme précaires, comme plus ou moins équivoques; il leur a refusé à ce titre le bénéfice de la prescription acquisitive et ce point de vue, trop exclusif peut-être, se retrouve encore ici. Lorsque la servitude est à la fois continue et apparente, elle est pour le législateur constitutive de la manière d'être, de la conformation même des héritages. Dès lors, pour qu'elle ne continuât pas de subsister après leur séparation, il faudrait dans le contrat une clause indicative de sa suppression et c'est à celui qui prétend que cette clause existe de représenter ledit contrat. Lorsqu'au contraire la servitude est discontinue, lorsqu'elle renferme cet élément plus ou moins équivoque qui, aux yeux de la loi, résulte de son exercice par le fait de l'homme, il y a plus de doute sur l'intention des parties. Sans doute l'état des lieux sera maintenu, si les intéressés ont gardé le silence à son égard, mais encore faut-il prouver que ce silence a été gardé; cette preuve incombe à celui qui revendique la servitude et elle ne peut résulter que de l'exhibition de l'acte qui sépare les deux héritages et de son examen. Voilà pourquoi l'art. 694 fait mention de cette dernière circonstance, qui ne laissera subsister aucune incertitude, sur l'intention présumée des parties.

La jurisprudence de la Cour de cassation semble aujourd'hui fixée dans ce sens. (Cass. 8 janvier 1842, Cass. 17 novembre 1847, Cass. 30 novembre 1853, Cass. 7 avril 1863, Cass. 17 mars 1866). On peut remarquer que cette interprétation aboutit à ce résultat bizarre, que l'art. 694 qui, dans le Code, paraît faire exception, à l'art. 692 devient en réalité la règle et l'art. 692 l'exception. Il est, en effet évident, qu'en fait, les actes qui constatent la séparation des héritages existeront presque toujours. Qu'on étudie les espèces sur lesquelles les tribunaux ont eu à se prononcer et on verra que les titres ont toujours été représentés. Il résulte donc de la jurisprudence actuelle, qu'en pratique, pour qu'une servitude s'établisse par la destination du père de famille, il suffit qu'elle soit apparente et la règle de l'art. 692 reste à peu près dans le domaine de la théorie.

Le signe apparent dont parle l'art. 694, doit être tel, qu'il fasse présumer l'intention des parties de constituer tacitement la servitude. Il faut donc examiner s'il présentera encore quelque utilité au moment où les fonds appartiendront à des maîtres différents, s'il n'a pas été établi pour la commodité personnelle du propriétaire lors de leur réunion. Des ouvrages d'art, de maçonnerie, ne sont, d'ailleurs, pas exigés : le signe doit seulement être permanent, et une simple tranchée pourrait, suivant les cas, être jugée suffisante. L'art. 694 ajoute que le contrat ne doit contenir aucune convention relative à la servitude. On s'est demandé si la clause générale portant que l'héritage est vendu franc de toute servitude, ferait obstacle à l'application de l'article. C'est là une question d'interprétation de l'acte, qui ne peut guère être résolue *a priori*. La Cour de cassation a cependant décidé que, en thèse générale, ces mots de notre article, « aucune convention relative à la servitude, » doivent s'entendre d'une convention spéciale, et que « ce n'est qu'à l'aide d'une stipulation ayant trait à cette servitude, qu'on peut obtenir l'effet grave de changer l'état actuel et apparent des lieux (Cass., 2 fév. 1825). »

L'art. 694, ainsi que l'art. 692, s'applique au cas de la vente en plusieurs lots d'un seul héritage, comme au cas où il existe deux héritages distincts. Nous avons démontré plus haut l'inanité de la différence qu'on a voulu établir entre ces deux hypothèses.

Les servitudes acquises par destination du père de famille sont opposables aux tiers, indépendamment de toute transcription. Par la force même des choses, il y a là une exception à la règle qui ordonne la transcription des actes constitutifs de servitudes. Si les parties dressaient, pour le faire transcrire, un acte de leur consentement tacite, ce consentement deviendrait exprès, et nous serions en présence d'une constitution par titre et non plus par destination du père de famille.

POSITIONS.

DROIT ROMAIN.

I. Les servitudes sont urbaines ou rustiques, suivant la nature du fonds dominant.

II. Les pactes et stipulations ne pouvaient constituer les servitudes comme droits réels.

III. La *scientia domini* n'était pas requise pour la prescription de long temps des servitudes.

IV. Le délai pour la *præscriptio longi temporis* des servitudes, était de dix à vingt ans, même avant Justinien.

V. L'action donnée par le préteur à celui qui avait acquis une servitude par la *præscriptio longi temporis*, n'était pas l'action publicienne, mais une action confessoire utile.

VI. On ne pouvait, *jure civili*, limiter par une condition expresse la durée d'une servitude.

VII. Une servitude pouvait par legs être constituée *ipso jure* sous condition suspensive.

VIII. Les *pacta nuda* étaient productifs d'obligation naturelle.

ANCIEN DROIT FRANÇAIS.

I. Les articles des coutumes de Paris et d'Orléans, qui ont trait à la destination du père de famille, sont en réalité exclusifs de ce mode d'établissement.

II. Quand une coutume est muette sur les servitudes, on doit s'en référer à la coutume de Paris.

CODE CIVIL.

I. La servitude d'évier ou d'égout, des eaux ménagères et industrielles est une servitude discontinue.

II. Le mot *titre* dont se servent les art. 690 et 691 désigne non la preuve écrite du droit, mais tout fait juridique de nature à le créer.

III. L'art. 2263 n'est pas applicable à la matière des servitudes.

IV. Depuis la loi du 23 mars 1855, les contrats portant donation de servitude doivent être transcrits.

V. La seule prescription admise en matière de servitudes est la prescription de trente ans.

VI. Les servitudes discontinues apparentes ne peuvent s'acquérir par la prescription, alors même que leur possession s'appuierait sur un titre émané *a non domino*.

VII. La suspension résultant de la minorité d'un des copropriétaires d'un fonds, sur lequel on est en voie d'acquérir une servitude par prescription, peut être invoquée par le copropriétaire majeur, alors même qu'un partage l'aurait rendu seul maître de cet immeuble.

VIII. Lorsque celui qui exerce sur le fonds de son voisin une servitude continue et apparente a reconnu, par un écrit, que sa possession n'était que de simple tolérance, cette reconnaissance forme un obstacle perpétuel à la prescription acquisitive de la servitude.

IX. Il y a destination du père de famille, non-seulement quand le maître des deux fonds les a mis dans l'état d'où résulte la servitude, mais encore quand il a laissé subsister cet état, antérieur à leur réunion.

X. Lorsque le titre, qui opère la séparation des héritages, est représenté, il suffit que la servitude soit apparente, pour qu'elle puisse s'établir par destination du père de famille.

XI. Le législateur, en déclarant, dans l'article 605, que les grosses réparations demeurent à la charge du propriétaire, a simplement voulu dire que l'usufruitier ne peut pas être contraint de les faire.

XII. La servitude ne peut s'éteindre que par un non-usage de trente ans, alors même que le fonds assujetti serait possédé par un tiers, qui l'a acquis par juste titre et de bonne foi, comme exempt de servitude.

DROIT PÉNAL.

I. L'interdiction légale ne résulte pas d'une condamnation par contumace.

II. On ne doit pas appliquer au complice l'aggravation de peine personnelle à l'auteur principal.

III. La tentative d'avortement n'est pas punie par la loi.

DROIT COMMERCIAL.

I. Les actes passés par une femme commerçante sont réputés relatifs à son commerce.

II. Dans la société en nom collectif, les associés peuvent, par une clause spéciale dûment publiée, s'affranchir de la solidarité.

DROIT DES GENS.

I. Les belligérants n'ont pas le droit de faire visiter les navires neutres escortés par un ou plusieurs bâtiments de guerre.

II. Une province occupée par une armée ennemie reste soumise au droit de la mère patrie.

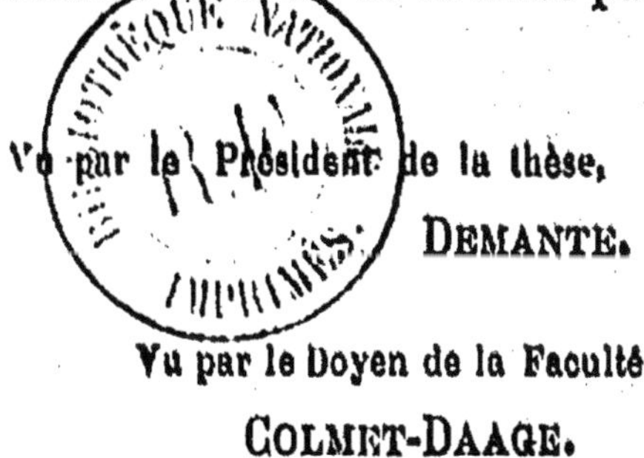

Vu par le Président de la thèse,

DEMANTE.

Vu par le Doyen de la Faculté,

COLMET-DAAGE.

Vu et permis d'imprimer :
Le Vice-Recteur de l'Académie de Paris,

A. MOURIER.

9 782016 199824